JN193981

5歳児クラスのテーマに基づく話し合い

—— 保育における談話分析 ——

呂　　小耘　著

風　間　書　房

目　　次

第1部　本研究の問題と目的

第1章　先行研究

　本論文は，5歳児がクラスの話し合い場面にどのように参加しているか，また，その話し合いにおいて保育者がどのように支援しているか，そしてそれらの構造と発話の特徴を複層的・立体的に捉えることを目的とする。

　本論文は，5歳児クラスの話し合い場面における幼児の参加構造や発話の特徴を描くことによって，集団における話し合い場面の特徴を捉えることができるだけでなく，その集団に所属する5歳児個人の姿を捉えることができると考える。さらに，話し合い場面に関わる保育者の姿を捉えることによって，保育者が5歳児の集団での話し合いにおける支援に関する実践的な示唆を得ることができると考えている。また，小学校への移行期としての役割が期待されている5歳児期において，集団の話し合いに参加する意義やクラスの話し合い場面における発達の連続性を明らかにできると考えている。

第1節　5歳児クラスの話し合いをどう捉えるか

　本節では，5歳児がどのように3者以上の集団の話し合いに参加するか，保育所における「日常会話」場面と小学校の教室談話との相違を検討し，さらに，話し合い活動の重要性を指摘し，5歳児クラスの話し合いに関する課題について述べる。

1.　5歳児が話し合いに参加する

　保育所保育指針（2008）において，発達過程・おおむね5歳に関して，「基本的な生活習慣が身に付き，（中略）言葉により共通のイメージを持って遊んだり，目的に向かって集団で行動することが増える。（中略）また，自分

なりに考えて判断したり，批判する力が生まれ，けんかを自分たちで解決しようとするなど，お互いに相手を許したり，異なる思いや考えを認めたりといった社会生活に必要な基本的な力を身に付けていく。他人の役に立つことを嬉しく感じたりして，仲間の中の一人としての自覚が生まれる」と記載されている。つまり，5 歳になると，自分の言葉を通じて，他児と話しをしたり，他児との関わり合いによって，集団の 1 人としての意識が芽生えることが推察できる。また，おおむね 6 歳について，「仲間の意思を大切にしようとし，役割の分担が生まれるような協同遊びやごっこ遊びを行い，（中略）様々な知識や経験を生かし，創意工夫を重ね，遊びを発展させる。思考力や認識力も高まり，自然事象や社会事象，文字などへの興味や関心も深まっていく」と述べられている。すなわち，6 歳になると，集団にいる自分の役割を認識し，より多様な知識や経験を自分たちの遊びに取り込むことができるようになると推察できる。つまり，5-6 歳という時期は，自分の言葉を通じて，保育施設で一緒に生活をする集団の他者と関わり合い，そしてこの集団への意識が形成していく時期であり，また期待される時期であるとも言える。

　また，この時期において，子どもの独り言も注目されている。ピアジェは子どもの自己中心性を反映する独り言を「自己中心語」と呼び，「自己中心語」は就学前期では自発語の中のかなり多くの割合を占めるが，7 〜 8 歳を境に急激に減少していく。ピアジェは，自己中心語は思考・言語活動が社会化されるにつれて，次第になくなっていく過渡的なものであると考えた（内田，2008）。その知見に反対し，ヴィゴツキー（1934）は，言葉はもともと社会的な伝達の手段として獲得されると考え，自己中心語の多く見られる 5 〜 6 歳の頃から，2 つの言語機能に分かれる。1 つは伝達手段としての言語である「外言」，もう 1 つは思考の手段としての言語である「内言」である。自己中心語は，外言から徐々に内言へ変化する時期に現れる不完全な内言であると考えられた。この自己中心語が最も活発に現れる 5 〜 6 歳頃に，思考と言語が出会い，それ以降両者は密接に絡み合って発達すると述べている。

　しかし，言語の機能はどのように「思考」と「伝達」に分かれたのだろうか。1つ推測を示すならば，社会的な伝達方法として，他者とのやりとりを通して言語機能が発達していくと考えられる。子どもの社会的な伝達手段は，赤ちゃん時期の泣き行為から，指差し，そして言葉のやりとりへ発達していく。特に，3歳頃になると，大人→子ども→大人→子どもという順番を交代しながら対話（注1-1）ができるようになると言われている（内田，2008）。「ことばの誕生期」から「ことばの生活化期」（岡本，2005）へ変化していく2〜3歳時期において，助詞の使用や，統語規則を獲得する時期でもあるため，多くの先行研究はその時期の幼児同士の対話の特徴を捉えようとし，2人の幼児が目の前のものを媒介し同じイメージを共有しながら対話が成立させていく様子を報告している（山本，2007；淀川，2015）。

　そして，「ことばの生活化期」（岡本，2005）の中期から後期に渡る4〜5歳児期では，多くの子どもが不自由なく生活言葉を使えるようになる。また，山本（2007）が4〜5歳児のペアに対する実験的な観察では，4歳以降，「もし〜〜だったら」という仮定の世界や経験，自分の"つもり"と相手の"つもり"の間で調整を行い，役割交代やイメージを共有した遊びができる。また，4歳後半になると，同じ経験をしていない幼児とでも対話が成立できる（山本，2007）といった結果が報告されている。また，浜谷ら（1993）は5歳児2人の対話では，付加的装置（注意喚起装置，強調，修復，終了マーカー，繰り返し，リズム，念押し言葉など）を使用しているエピソードを取り出して考察した結果，幼児期にもかかわらず，幼児は既にそのときの状況や，相手の心理状態などの文脈的要因をかなり考慮した上で，付加的装置を使用し，適切に対話を管理していた。つまり，5歳児期になると，2人の対話が成立できるだけではなく，対話当時の状況，対話する相手の心理状態などを含め，文脈的要因を「考えながら」，対話へ参加することができる。すなわち，5歳児の2人の対話では，言語の「伝達」の機能のみではなく，「思考」の機能の芽生えも見られる。子どもはこのように2人の対話を楽しみながら，

「思考」と「伝達」という2つの言語の機能の発達の道を順調に進んでいると考えられる。

　また，保育所保育指針に述べられているように，5歳児は2人の対話に参加することはもちろん，集団で行動するために，3者以上の対話へ参加することが期待されている。では，5-6歳児は実際に3者以上の対話にどう参加しているだろうか。

　食事場面における対話に関する研究では，2〜3歳児の時期において2者間の対話から3者間の対話へと広がり，さらに連続する対話が徐々に見られるようになることが示されている（淀川，2009）。そこでは，まず模倣，復唱反復によって発話をつなぐ連鎖から，模倣以外に新たに情報をくわえて発話をつなぐことができるようになること，すなわち，話し相手の発話に対して，模倣だけではなく，内容を聴き「応答的な対話」を行いたいという意志が生まれ発話できるようになっていくことが示唆されている（淀川，2010）。また5歳児になると，あるテーマを共有し，協同的な遊びがよく見られ，その際に役割分担と遊びの進行を支えているのは「言語的協同」であることも観察から明らかにされている（村田，1972）。またごっこなどの遊びの中でさまざまな言語的協同がなされることも示されている（村田，1972）。

　さらに小学校における教室での対話では，話す能力だけではなく，特定の内容，1つの話題に関して教師やほかの児童の言葉を聴く能力についても検討されてきている（佐藤，2000：一柳，2009）。つまり，集団での保育や教育の場においても，3者以上の集団における「聴く力」そして他者の言葉を受け入れ自分の声を出していく「応答的な対話」への参加が重要になる。

　ここでは，まず，2者間の対話と3者以上の対話との異なる点について論じる。

　2者間の対話では，対話をする話し手と聞き手が順番で役割を交代しながら，平等や対称的と言えるような立場に立ちながら，対話を進めることができる。しかし，家庭環境において，母親と子どもの関係が最も多く見られる

2者間の対話関係の1つであるが，このような2者間の対話関係は「大人と子ども」によるものであり，非対称的な関係となっている。そして，子どもは保育施設で生活し始めると，保育者（大人）との2者間の対話関係以外に，初めて自分と同じ年齢の他児と2者間の対話関係を作り出し，このような幼児の間の対話関係こそ対称性がある。すなわち，発話の宛先（注1-2）も「大人」から同年齢である「他児」へ変化する（山本，2003；淀川，2015）。しかし実際に，幼児もまだ容易に他児と2者間対話関係を成立できるわけではない。

　さらに，2者間対話が成立した後，第3者が2者間へ参加し，3者間の対話が徐々に成立し，集団的な対話が芽生える。第3者がどのように2者間の対話に参加するかに着目し，淀川（2015）は2〜3歳児の話者交代（注1-3）と発話の宛先の視点について分析を行った。まず，第3者が対話へ参加することによって，話者交代は2者間対話のように2人で順番を取りながら進行することができなくなり，1人の発話が終わった後，他の2人はどちらが発話しないと対話が続かなくなる（淀川，2015）。また，3者間対話の場合，他者の発話は自分に向かっているかどうかを判断する必要があるため，子どもにとって複雑な情報処理を必要とする（淀川，2015）。

　そして，3者以上の集団の話し合いにおいて，参加者の人数が多いほど，話者交代の際のタイミングを掴むのが難しくなり，他者の発話の宛先を判断することもより複雑である。

　また，山本の調査によると，同年齢の子ども同士の2者間での応答が成立するのが2歳後半である（山本，2003）。そして，2〜3歳児の時期において2者間の対話から3者間の対話へと広がり（淀川，2009），5歳以降3者間対話が成立し，6歳以降集団的対話へと発展する（山本，2003；淀川，2015）。つまり，5〜6歳児の時期は，同年齢の幼児間で3者間対話から集団的対話への転換期であり，保育者の支援によって，3者以上の集団の話し合いに参加することができるようになると考えられる。さらに，3者以上の集団の話し

合い場面は，多くの発話が交わされる環境であり，子どもが複数の他者の言葉を「聴く」，そして有用な情報を「聴き取る」ことは，その話し合いに参加できるかどうかの鍵になると考えられる。

　幼児期から児童期への移行接続のためには 5 歳児では話し合い活動を通した，「協同的な学び」が重要である（無藤，2004）。協同的な活動において，グループまたクラスの話し合いにおける「応答的な対話」，すなわち 5 歳児が他者の言葉を「聴く力」，言葉を「理解して受け入れる力」，また自分の考えを自分の言葉で表現できる「話す力」の成長が期待されている。また，5 歳児期は，特定の活動における対話や自由な対話だけではなく，「一つのテーマについての話し合い」に参加し，お互いに学びあうこともまた期待されている時期である。つまり，5 歳児が話し合い活動に参加するため，「聴く力」や「話す力」だけではなく，「考える力」も期待されている。

　つまり，以上の知見から，5 ～ 6 歳児の時期は，同年齢の幼児間で 3 者間対話から集団的対話への転換期であり，保育者の支援によって，3 者以上の集団の話し合いに参加することができるようになると考えられる。また，その時期において，5 ～ 6 歳児の言語の「伝達」の機能と「思考」の機能が分かれはじめ，2 人の対話においては，当時の対話の状況や文脈，相手の心理状態も含めて考えることが示唆されている。しかし，3 者以上の集団の話し合いに参加する時，より多くの話し相手に対して，いかに文脈や相手の心理状況を把握するかを検討する必要があると考える。

2.　クラスの話し合いから小学校の教室談話へ

　本節の第 1 項では，5 歳児の発達過程からどのように 3 者以上の話し合いに参加するかについて議論した。第 2 項では，小学校への移行期としての 5 歳児の時期において，どのようなことが期待されているかを論じる。

　入学早々の小学校 1 年生には，新しい物理的な環境や新しい仲間による人間関係への適応の 1 つとして，教室にいることで，コミュニケーション様式

と教室でのやりとりの仕方へ適応が要求されている。しかし，小学校1年生が教室談話への困難を示すことも報告されている。その理由として，保育施設で過ごす時期において，活動の様式と小学校教室での学習活動の様式が大きく異なること，また保育施設では一対一のコミュニケーション様式が多く取られていたことが挙げられる。

　また，多くの地域，自治体において「幼保小連携」活動が行われ，特に脚光を浴びているのは5歳児と小学校1年生である。保育所保育指針（2008）では，小学校との連携に関して，「子どもの生活や発達の連続性を踏まえ，保育の内容の工夫を図るとともに，就学に向けて，保育所の子どもと小学校の児童との交流，職員同士の交流，情報共有や相互理解など小学校との積極的な連携を図るよう配慮すること」「子どもに関する情報共有に関して，保育所に入所している子どもの就学に際し，市町村の支援の下に，子どもの育ちを支えるための資料が保育所から小学校へ送付されるようにすること」と記載されている。すなわち，保育所の子どもと小学校の児童との交流だけではなく，職員間の交流や子どもに関する情報共有と相互理解，さらに保育内容への工夫が明記されている。

　しかし，それに対して，小学校学習指導要領（2008）では，「小学校間，幼稚園や保育所，中学校及び特別支援学校などとの間の連携や交流を図るとともに，障害のある幼児児童生徒との交流及び共同学習や高齢者などとの交流の機会を設けること。」としか記載されていない。また，「子どもの生活や発達の連続性」を強調しながらも，具体的な「幼保小連携」活動の多くは「交流」や「準備」に焦点が当てられている。すなわち，5歳児期から小学校に対する親しみを増やし，小学生との交流を通じて小学校や小学校で行われている学校教育を体験し知ることを目的としている。例えば，5歳児が小学校校舎を見学したり，小学校の授業や給食を体験したり，小学生と一緒に活動したり，小学校の行事に参加したりすることが多数報告されている（文部科学省・厚生労働省，2009；ベネッセ次世代育成研究所，2009）。つまり，現在

の多くの「幼保小連携」活動は目に見える外在の「生活形式」の変化に多く注目しているため，保育・幼児教育施設と異なる外在の「生活形式」に触れることは，入学時の 1 年生の適応を促進できるのではないかと思われる。しかし，幼保小連携の「子どもの生活や発達の連続性」について考える活動がまだ不足していることも指摘できる。

　その上で，小学校学習指導要領（2008）では，「幼児期の教育は，生涯にわたる人格形成の基礎を培う重要なものであることにかんがみ，国及び地方公共団体は，幼児の健やかな成長に資する良好な環境の整備その他適当な方法によって，その振興に努めなければならない。」と記載され，幼児期の教育は「人格形成の基礎を培う」に重視しているが，保育の場で生活していた 5 歳児が小学生になる時，すでに身につけている能力を無視し，"最年少の立場の 1 年生"とされる傾向が見られた（下野市教育研究所，2015）。確かに新しい環境にいることは，1 年生にとって課題や困難が多く，挑戦的だと考えられる。しかし，子どもが保育の場における集団生活から培った能力を明らかにし，小学校の学校教育に参入するために必要とされる能力と比較し，2 つのギャップを埋め，本当の子どもの発達と学びの連続性を考え，能力をつなげていくことは，幼保小連携を図るために重要であると考えられる。

　では，小学校の学校教育に参入するために必要とされる能力はなんであろうか。磯村ら（2005）は教室全体でのやり取りへどのように参加するかは，学校教育への適応の課題であると報告している。授業において，教室全体で行った言語的なやりとりは「教室談話（ディスコース）」と呼ばれている（秋田，2008）。教室談話は，教室で，教師と児童とで交わされる話し言葉を用いるやりとりであるが，教室談話は日常での談話とは違った，特有なコミュニケーションの形を持つ。例えば Mehan（1979）は，教室における授業場面を考察し，教師と生徒の間の独特なコミュニケーションの形として「I（Initiation）教師によるはたらきかけ」−「R（Reply）生徒による応答」−「E（Evaluation）教師による評価」という発話連鎖のパターンが存在しているこ

とを明らかにした。学校教育ではこの観点からの分析は多く行われているに
もかかわらず，小学校への移行直前の 5 歳児時期に関して，5 歳児クラスの
日常的な対話の特徴，特に保育者と 5 歳児の間の独特なコミュニケーション
の形，すなわち発話連鎖の特徴に関して不明確のところが多く，検討すべき
課題が残っている。

　また，教室談話は 1 人の教師と複数の子どもからなる「一対多」の対話の
過程として構成されている（藤江，2011）。しかし，現在の保育の場において
も，「一対多」のコミュニケーションの様式は一斉保育の大きな特徴であり，
朝の会や誕生会はもちろん，協同活動が多く行われている 5 歳児クラスでは，
保育者と子ども全員一緒に話し合う姿が多く見られている。では，5 歳児ク
ラスと小学校の教室における「一対多」のコミュニケーションには，どのよ
うな違いが存在し，その中でどのような「発達の連続性」が含まれているか
を明らかにする必要があると考える。

3.　話し合い活動の重要性

　話し合い活動とは，お互いの考えを交わし，新たな理解や考えを生成する
過程である（秋田，2000）。話し合いを通して，互いの考えや立場の違いにつ
いて理解し合い，問題の解決方法や互いが果たすべき役割などについて，考
えを発展させて集団としての意見をまとめられるようにすることが重要であ
ると指摘されている（文部科学省，2011）。

　文部科学省は現在のような急激に変化する社会において，子どもたちに
「確かな学力」の育成を強調している。「確かな学力」とは，「知識や技能は
もちろんのこと，これに加えて，学ぶ意欲や自分で課題を見付け，自ら学び，
主体的に判断し，行動し，よりよく問題解決する資質や能力などまで含めた
もの」であると定義している（文部科学省，2003）。このような「確かな学力」
を育成するために，文部科学省（2016）が「どのように学ぶか」に関して，
「主体的・対話的で深い学び（アクティブ・ラーニング）」の重要性が指摘され，

子ども同士の話し合い活動や教員と地域の人との対話による「創造的対話能力」の育成が重要な課題となっている。

　また，小学校だけではなく，幼児期において話し合い活動の重要性も多く強調されている（Project Zero & Reggio Children, 2001; Siraj-Blatchford et al., 2002；無藤，2004など）。保育所保育指針領域「言葉」には，「生活の中で，言葉への興味や関心を育て，話したり，聴いたり，相手の話を理解しようとするなど，言葉の豊かさを養うこと」と書かれており，日常の保育の場において，幼児が言葉に親しみ，言葉を通じで他者と関わる経験の必要性を保育指針として示している（保育所保育指針，2008）。

　欧米の研究において，保育施設での話し合い活動，特にクラスでの話し合い活動は幼児の言語能力の発達を促進する（Massey, 2004；Weigel et al., 2005; Weigel et al., 2006；Cabella et al., 2015）と報告されている。また，5歳6ヶ月の幼児を対象にした縦断研究の結果では，保育者が一緒に参加する大きいグループの話し合い活動に参加し，保育者の言葉使いは，小学校4年生になった時の言語能力と読解能力に影響するという，質の高い話し合い活動の持続効果も報告されている（Dickinson & Porche, 2011）。すなわち，幼児期の話し合い活動は子どもの幼児期における言語能力の発達に作用するだけではなく，より長期的なスパンでその影響を与え続けることとなっている。

　他に，Nicolopoulouらがアメリカとブラジルの低収入の4歳児たちに対して話し合い活動を取り入れた研究が行われている。絵本や物語に関連する話し合い活動を取り入れたことによって，子どもたちの文字意識と物語理解のような早期リテラシーが向上し，さらにごっこ遊びに参加できる「ふりをする能力」や自己制御能力も向上することが示された（Nicolopoulou et al., 2015）。また，このような話し合い活動は，子ども同士が交流する場を提供しており，子どもたちがお互いに学習し，社会化していく様子や，教室文化が形成される様子も見られた（Nicolopoulou et al., 2014）。Esther Vardi-Rathらの研究では，3歳から7歳の子どもを対象に，絵本のストーリーに基づくごっこ遊び

をさせる（pretend play in the wake of story reading, 以下は PPWS）。そして，このような話し合い活動における子どもの発話を記録し，絵本の枠組み内の言葉（in frame）と枠組み外の言葉（out of frame）を分類した。そして，このような話し合い活動は子どもたちが枠組み外の言葉（out of frame）や高次の言語使用域の言語（例えば男性語と女性語）の使用に正の影響をもたらし，子どもたちの文化学習に役立つと報告されている（Vardi-Rath et al., 2014）。

　つまり，幼児期における話し合い活動は，幼児の言語能力や早期リテラシーに良好な影響を与えるだけではなく，他児と交流できる場が提供されることから，子どもたち同士の学び合いが促進されることも推察される。また，他児や保育者との関わり合いを通して，子どもが社会化し，言語を通じで自分の文化を学ぶことにつながることも考えられる。

　以上の知見により，幼児期において話し合い活動を行う重要性が多様な視点から強調されている。さらに，5 歳児の時期において，保育者の支援によって，3 者以上の集団の話し合いに参加することができるようになると指摘されている。しかし，小学校への移行期としての役割が期待されているにも関わらず，5 歳児クラスの話し合い場面の実態は不明瞭であり，「一対多」のコミュニケーションの様式における発達の連続性を明らかにする必要性が示唆されている。そのため，本論文は集団としてのクラスの話し合い場面の特徴を捉え，さらに集団にいる 5 歳児の参加構造や発話の特徴を描くことによって，クラスの話し合い場面における発達の連続性を捉えることができるのではないかと考える。

第 2 節　クラスの話し合いを支える保育者の支援を捉える視点

　本節では，初めにクラスの話し合いにおいて，保育者の支援の必要性を論じる。そして，保育者の言語的な支援を捉えるための視点を述べて，先行研究から問題と課題を整理する。

1.　保育者の支援の必要性

　第 1 節にも述べたように，5 〜 6 歳児を対象に，「保育者が参加している話し合い」と「幼児同士のみの話し合い」を観察した結果，前者は後者より，話題が長く持続し，文脈と関連が強く，知識や考えに着目した話題が多く見られた（Ehrlich, 2011）。また，イギリスの The EPPE Project で指摘された「Sustained Shared Thinking（以下は SST）」は質の高い保育実践における「有効な教授方法」とされている（Siraj-Blatchford et al.2002）。SST とは，「二人もしくは二人以上が，知的な方法で「一緒に」取り込み，問題を解決し，ある概念について明らかにし，自分たちの活動を捉えなおし，語りを広げたりすること」である（Sylva et al., 2004；Siraj-Blatchford et al., 2015）。SST は保育者が一緒に参加しているクラスの話し合いや，グループでの活動，子ども同士の間でも発生するのは可能である。しかし，実際の保育現場を観察した研究から，保育者が支援をしても，SST を成立させることが難しく，実際に見られている SST の事例も少ないと報告されている（Siraj-Blatchford & Manni, 2008；Egan, 2009）。なぜなら，幼児は自分のイメージを言葉で表現し，そして 1 つの問題を解決することや 1 つの概念を解明することに集中し，さらに自分の活動を捉え直し，すなわち「振り返る」ことが難しいと考える。

　例えば，齋藤・無藤（2009）は遊園地作りという協同活動を行った際のグループでの話し合いに着目した。この研究では，保育者のかかわりに関して，あるエピソードにおいては，5 歳児に質問を投げかけながら，子どもたちが育て始めたお化けのイメージに言葉を添えて，イメージが膨らむ過程を援助し，一方，目の前の作業の手順を具体的に導きながら，進行を調整する役割も取り，子どもたちの作業にかかわっている様子が示された。またあるエピソードからは，保育者は子どもの言葉を丁寧に拾い上げ，他の子どもに伝えている。それは，子ども同士が協力していくプロセスにおいて，他者の声を聞くことができるように，保育者が積極的に「つなぎ手」となって子どもた

ちを支えている様子であった。上記の研究は2つのエピソードしか検討され
ていなかったが，保育者の支援によって，5歳児たちのイメージの形成や5
歳児間の言葉の共有を支えている様子を示している。

　また，クラスの話し合い場面に関する研究では，保育者の支援は年長組で
の話し合いを支えていた（高木・丸野，2001）。杉山・野呂（1995）が朝の集
まりの時間における話し合い場面を観察し，保育者の役割についてまとめて
いる。保育者はまず子どもが自由に発言できる場を作り，安心感を持たせ，
楽しんで話し合いを展開できるようにしていること。次に，子どもの言葉に
耳を傾けて，子どもの要求や問題を把握していると報告されている。

　以上の知見から，保育者が話し合い場面において，5歳児たちのイメージ
の形成や言葉の共有だけではなく，自由に話し合いができる環境づくりや子
どもたちの言葉を受け止めるなど多様な支援を行っている。このようなこと
によって，5歳児クラスの話し合いが成立する。すなわち，保育者がクラス
の話し合い場面に参加し，支援する必要性が支唆されている。さらに，保育
者が話し合いの展開だけではなく，話し合う環境づくりなど多方面での影響
をもたらしていることが明らかになっている。

　また，以上のような話し合い場面における保育者の支援の多くは，保育者
の言語的な支援に着目している。例えば，齋藤・無藤（2009）が5歳児のグ
ループでの話し合い場面として挙げられた2つのエピソードから，保育者が
「質問を投げる」「イメージに言葉を添える」「子どもの言葉を拾い上げる」
のような言語的な支援をしていることが示されている。しかし，齋藤・無藤
（2009）が着目した5歳児のグループでの話し合い場面ではなく，本研究の
対象は5歳児クラスの話し合い場面であるため，保育者の言語的な支援の相
違が予想される。

2.　保育者の言語的な支援への着目

　本節の第1項で述べたように，話し合い場面における保育者の支援に関し

て，数多くの研究が行われている（Ehrlich, 2011；Egan, 2009；齋藤・無藤, 2009 など）。前述の研究では，言語的な支援だけではなく，「積極的な支援する姿勢（Sylva et al., 2004）」と「参与しやすい環境作り（Girolametto & Weitzman, 2002）」などの支援も報告されている。また，行動面の支援に関して，Yamauchi ら（2012）が述べた「一緒に参加すること」と，Girolametto & Weitzman（2002）が述べた「待つと聴く」「参加と遊び」「向かい合うこと」「模倣」などが報告されている。すなわち，クラスの話し合い場面において，保育者の非言語的な支援を行う様子も観察されている。

　一方，5 歳児の話し合いの質を左右するのは，保育者が提案や共有をする時の言葉の使い方である（Siraj-Blatchford & Sylva, 2004）と主張されている。また，Siraj-Blatchford と Manni（2008）はイギリスで「より効果的（more effective）」と評価されている保育施設における保育者の支援を観察した結果，保育者がポジティブな質問（開かれた質問や探究的な質問など）を使用すると，子どもが推測で判断すること（間違いをすることもあるが）によって話し合いへの参加を促進しており，さらに話し合いが SST に発展する可能性があると報告されている。そして，保育施設における SST 活動に対する支援を評価するスケールにおいて，保育者が幼児の言葉の意味を確認しようとする時，幼児の言葉を繰り返したり，言い換えたりすることが高く評価され，それは子どものコミュニケーションを支え，さらに子どもたちのコミュニケーションを広げることに役立つと考えられている（Siraj-Blatchford et al., 2015）。つまり，イギリスの質の高い保育実践に関する研究では，保育者の言語的な支援の重要性が強調されている。そして，質の高い保育を支える保育者の言語的な支援の特徴の一部が明らかになっている。

　実際に，本節の第 1 項で挙げられていた先行研究のほとんどは，保育者の言語的な支援の機能や効果に着目している（Ehrlich, 2011；齋藤・無藤, 2009；高木・丸野, 2001；杉山・野呂, 1995）。また，保育者が話し合いを支援するためのストラテジーに関する研究でも，多くのストラテジーは保育者の言語的

な支援と関わっている。具体的に，まず，質問するスキル（Egan, 2009），多様な質問形式を使う（Girolametto & Weitzman, 2002）の重要性も述べられている。また，質問以外に，多様な言葉表現の使用（Girolametto & Weitzman, 2002），完全な文の使用（Massey, 2004）のように，保育者の発話の形式に関する検討が見られた。他に，話し合いの話題を深化や拡大（Girolametto & Weitzman, 2002），子どもたちの異なる意見をまとめる（Massey, 2004），対話のルールである順番交代の習慣を育成する（Girolametto & Weitzman, 2002）など，保育者の言葉が果たした機能にも検討されている。

　以上の先行研究のように，多くの研究者たちは保育者の言語的な支援に焦点を当て，保育者が実践する時に，「質問」や「多様な言葉表現」や「完全な文の使用」などをより多く使うことが良好な効果を示すことを指摘している。また，いくつかの話し合いを支援するためのストラテジーがまとめられていて，このようなストラテジーをより多く運用すれば良いと勧められている。

　しかし，研究の結果で「良い」と指摘されている発話の「形」やストラテジーなどをそのまま保育実践に用いたとしても，直ちに保育の質を上げられるとは限らない。何故なら，日常の保育の場では，結論やストラテジーでは対応できない複雑な文脈が含まれているからである。例えば，話し合い場面における保育者の支援を観察し，Girolametto & Weitzman（2002）が作った支援のストラテジーに関する評価スケールを使用し評価した結果，保育経験10 年のベテラン保育者でも，言葉に関するストラテジーの運用が足りないことが報告されている（Chen & Kim, 2014）。よって，ストラテジーを完全に運用すること自体が難しいのではないかと推察できる。

　また，Siraj-Blatchford の報告書でも，実際に保育者のポジティブな質問（開かれた質問や探究的な質問など）の使用は少ないことが述べられている（Iram Siraj-Blatchford, 2005）。さらに，イギリスで行った新任保育者を対象とした調査では，SST への認識，実行，感想や内省などの内容についての語りを

分析した結果，SST の難しさをまとめられた：「子どもは常に大人と対話することに準備していないこと」，「時間の確保と計画」，「忙しさ」，「言葉かけの難しさ，直接すぎることを避ける」「経験のなさ」「子どもの活動を邪魔した」（Egan, 2009）。以上の調査から，話し合い場面において，質の高い保育を行うための保育実践の複雑さと難しさが語られている。

　上記の知見はイギリスやアメリカの研究が多くを占めているが，日本において，保育を支えている保育者の言語的な支援の特徴はまだ十分に捉えられているとは言えない。実際に保育者が使用している言語的な支援の形式などは不明瞭な点が多い。そこで，本研究は保育者の言語的な支援の実態を明らかにし，SST の評価スケールにより高く評価されている言語的な支援の特徴と比較し，筆者が観察している日本の保育や保育者の支援について検討を行う。これらは，保育実践にも示唆を与えることができると考える。

第3節　5歳児クラスの話し合いへの参加構造を捉える視点

　本研究は5歳児クラスの話し合いを捉えるために，以下の4つの視点から検討を行う。

1．5歳児と保育者の発話への着目

　第1の視点は，5歳児と保育者の「発話」を検討することである。

　小学校教室の談話分析（倉盛, 1999；藤江, 1999b, 2000b；一柳, 2009）だけではなく，幼児の談話分析においても「発話」に着目している研究が行われている（淀川, 2009, 2010, 2015；古見ら, 2014；辻谷, 2015）。また，このような研究は，言語学や言語の発達の視点に限らず，幼児の「発話」から，幼児の規範意識（辻谷, 2015），自分への誤帰属（太田・茂呂, 2015），他児の知識や自己の役割（古見ら, 2014）など，幅広く研究されている。

　また，このような幼児の「発話」に着目した研究において，実験的に幼児

の発話を生起させる研究（太田・茂呂，2015）と日常の保育の場で幼児の発話を観察し，記録する研究（淀川，2009，2010，2015；辻谷，2015）という2種類の「発話」に着目する研究が見られる。具体的に，太田ら（2015）の研究では，絵本の読み聞かせの場面を実験的に設定し，幼稚園の1室で1人の子どもと実験者である1人の大人が一緒に絵本を読んで，そして質問や課題を行う。その実験のプロセスで発生した発話を記録し，データとして分析を行う。このような実験の場合，研究の目的に合わせて，できるだけ大人の影響要因を除くために，実験者である大人は子どもがよく知っている保育者ではなく，子どもが知らない大人を選び，統制を行う。そのため，すべての実験に参加する子どもにとって同一条件下での検討が可能となる。しかし，このような「発話」は，実験の場面で意図的に発生させ，さらに，親しくない大人と単独にいる時に発生するものであり，普段生活をしている保育の場での「発話」と同様に解釈することは難しいと考えられる。

　そこで，本研究が対象にしている5歳児クラスの話し合い場面を実験的に生起させるのではなく，日常の保育の場で自然に観察できる，普段の5歳児クラスの生活や学びをそのまま表現出来る「発話」を記録するようにした。このような5歳児の「発話」に着目し，分析を行うことで，5歳児がどのように「相互の考えを促進するか」を明らかにすることができると考える。

　また，5歳児期の話し合い場面での発話を検討した先行研究では，遊び場面におけるリーダー的な幼児を中心とした話し合いに着目し，中心者の発話を分析した結果，「提案」「命令・要求・禁止」「主張」「決断」「指示」という相手の行動に直接影響を与える発話が多いことを明らかにしている（柏，2004）。この研究では，話し合い場面において，一部の幼児の発話の特徴を明らかにしている。しかし，中心となる1人の幼児の発話のみに着目することは，話し合いの集団であるクラスにいる参加者それぞれに焦点を当てているとは言えない。中心ではないほかの5歳児の発話の特徴も含めて検討することで，話し合いにおける参加者それぞれの特徴を捉える必要性があると考

えられる。また，参加者それぞれの特徴だけではなく，5 歳児間の発話連鎖を検討することによって，5 歳児がどのように「相互の考えを促進するか」を明らかにすることも必要だと考える。

　さらに，5 歳児たちの間の発話連鎖に着目することによって，前後の発話をどのようにつなげていて，そして話し合いを構成していくのかを明らかにすることができると考える。そして，小学校教室における独特なコミュニケーションの形として「I（Initiation）教師によるはたらきかけ」-「R（Reply）生徒による応答」-「E（Evaluation）教師による評価」（Mehan, 1979）という発話連鎖のパターンが存在していることに対して，5 歳児クラスの話し合い場面にどのような発話連鎖のパターンが存在するかを検討する。

　一方，第 2 節で述べたように，本研究は保育者の言語的な支援に着目する。欧米の先行研究は，保育者が実践する時に，「質問」や「多様な言葉表現」や「完全な文の使用」などをより多く使うことが良好な効果を示すことを指摘している（Egan, 2009 ; Massey, 2004 ; Girolametto & Weitzman, 2002 など）。しかし，日本の保育現場において，保育者がどのような形の言語を使って話し合い場面を支援しているかをより明確にする必要がある。また，「質問」や「多様な言葉表現」などの言葉の形を知っていても，具体的に話し合い場面にどのように使うか，どんな文脈でどのような目的で使うかなど，保育実践と結びつける必要があると考える。そこで，本研究は保育者の言語的な特徴をまとめた上，さらに具体的な事例を分析する時に，保育者がクラスの話し合いの内容の発展を支援している時にどのような形の言葉を使っているかを検討することによって，保育実践に示唆を与えることができるのではないかと考える。

2.　話し合いのテーマへの着目

　第 2 に，5 歳児クラスの話し合いにおける「テーマ」及び時期的変容を捉えること。

　Mercer（1995）が小学生同士の協働作業を対象にした研究では，話し合いの質は協働活動の結果に影響を及ぼすことが明らかになっている。さらに，Mercer ら（1999）と Wegerif ら（1999）は，イギリスの9−10歳児を対象に，9時間の授業で構成されている介入活動（注1-4）を行った結果，"because"，"agree"，"I think" など，探究的な話し合い（注1-5）を象徴する表現が増加した。さらに，レーヴン・マトリックス・テストの得点から，介入活動は個人とグループの問題解決の能力を促進した結果もあった。また，同様の効果は英国の低学年（key stage 1，5〜7歳）の子どもを対象とした研究でも確かめられている（Littleton et al., 2005）。上記の研究から，日本の低学年の小学生や5歳児クラスの子どもを対象にして，このような介入を行うと，探究的な話し合いを行う可能性もあることが示唆されている。さらに，このような「協働思考教育介入プロジェクト（Think Together Programme，以下は TTP）」の最初の5時間で実施されている内容（Dawes & Sams, 2004）における，1時間目は「話し合うことの目的に気づくこと」である。つまり，話し合い活動において，まずその話し合いの「テーマ」あるいは「目的」を知ることが重要であることを示唆している。そこで，本研究は5歳児クラスの話し合いの「テーマ」を捉える。そのために，本論文はまず「話し合いのテーマ」を，「話し合いの主題，話題」であると定義し，すなわち何について話し合っているか，話し合いの目的は何かということである。

　野呂・杉山（1995）が2つの保育園の朝の集まり時間を計10回観察し，クラスの話し合いのテーマをまとめた結果，「過去の経験」「活動への心構え」「行事の相談」「きまりやクラス運営」「人間関係」という5つのテーマに分類された。また，「行事の相談」と「きまりやクラス運営」が各自の園に一番多く見られたテーマであった。しかし，朝の集まりに限らず，日常の保育の場で発生する話し合いのテーマを検討する必要がある。さらに，より長い時期で，縦断的に話し合いのテーマの変容を追うことで，話し合いに参加している5歳児の発達過程を捉えるために必要であると考えられる。

　Ehrlich（2011）は5〜6歳児を対象に，保育者が参加している小集団の話し合い（Children-Teacher Talk）と参加していなかった子ども同士の話し合い（Peer Talk）を観察した結果，5〜6歳児同士の話し合い場面では，行動に関するテーマが多く，話し合いの回数は多かったが，話し合いが長く続かないことが多かった。それに対して，保育者が一緒に参加している話し合い場面では，話題（テーマ）が長く持続し，文脈と関連が強く，知識や考えに着目したテーマ（抽象的な話題）が多かったことが報告されている（Ehrlich, 2011）。この研究では，クラス単位の話し合いを対象にしていなかったが，話し合いのテーマの分類，発生する場所，生起する原因や文脈との関連性などについて検討を行われている。そこで，本研究は5歳児クラスの話し合いの特徴を捉えるために，Ehrlich が用いた話し合いのテーマの分類方法だけではなく，話し合いの発生する場所なども参考し，話し合いの特徴に関する検討を行う。

　一方，保育所保育指針の解説（2008）において，「けんかなど葛藤を経験しながら次第に相手の気持ちを理解し，相互に必要な存在であることを実感できるよう配慮すること」という記載がある。つまり，集団生活の場である保育施設において，けんかなどの問題を解決する経験は，幼児が社会的に生きることができるために必要な経験である。そのため，問題を解決するようなクラスの話し合いにおける「友達の主張に耳を傾け，共感したり意見を言い合うこととともに，自分の主張を一歩譲って仲間と協調したり，意見を調整しながら仲間の中で合意を得ていくといった経験（保育所保育指針の解説, 2008）」が，5歳児の話し合う能力の向上につながり，社会的関係性の形成にもつながるため重要であると考えられる。さらに，幼児の社会的問題解決（social problem solving）能力と将来的な社会的適応などの社会的コンピテンス（competence）が関連していることが明らかになっていること（Richard & Dodge, 1982）から，問題解決の経験は，幼児期だけではなく，将来の社会生活にも影響していると考えられる。

　こうした社会的問題解決能力に関する先行研究では,「想定場面への応答テスト（preschool interpersonal problem solving test）」（Shure et al., 1971）といった, 仮定された社会的場面に対して幼児の解決方略を測定する方法が用いられていた。また, 観察の場合でも, 5 歳児のペアに着目し, 仮定された問題解決場面が用いられていた。しかし, 以上のように仮定された社会的場面や問題解決場面は, 実際に保育施設における日常生活に発生する問題とは同一であるとは限らないと考える。これを踏まえて, 近年の研究では, 保育施設の日常的な生活において, 話し合うことで個人間のいざこざ問題の解決を目指し, 子どもたちが合理的に考え, 自己主張することができるように話し合うことが強調されている（Siraj-Blatchford et al., 2002）。また, このような話し合いには保育者が支援を行っている。例えば, 保育施設の日常場面で見られる 5 歳児のいざこざ問題を, 2 名の当事者だけで解決するより, クラス全体で考えて解決するように保育者が支援する事例も報告されている（上田, 2013）。

　文部科学省（2003）によって定義されている「確かな学力」は,「主体的に判断し, 行動し, よりよく問題解決する資質や能力などまで含めたもの」と記載されている。すなわち, 以上のような日常の問題解決の場面において, 5 歳児が主体的な解決を図るプロセスを検討する必要があることを示唆している。実際に, 2 名の 4 歳児の対人葛藤場面に関する研究では, 非当事者である幼児が問題解決に介入し, 協同的に問題解決を試みることが明らかになっている（松原・本山, 2013）。つまり, 幼児の話し合いには, 問題場面の当事者である幼児と, 問題が発生した時に関わっていない非当事者の 2 つの立場が存在すると考えられる。また, 多くの研究は, 問題場面の当事者である幼児の問題解決のストラテジーに焦点を当てている（Shure et al., 1971; 柴田, 2014）。しかし, 5 歳児クラスにおいて, 発生する問題は, 問題の当事者である 5 歳児 2 名の問題だけではなく, クラス単位での問題も発生すると考えられる。その時, 問題を解決するために保育者がクラス全員で話し合うとい

う方法を用いて，当事者の 5 歳児だけではなく，非当事者としての 5 歳児も
問題を経験することができるようにしている。このように問題解決場面は当
事者だけの問題ではなく，非当事者である幼児がかかわることもあるため，
当事者である幼児だけでなく，非当事者である幼児にも着目して，問題解決
場面を検討する必要がある。そこで本論文では当事者と非当事者の 2 つの立
場に着目して，5 歳児クラスの話し合い場面を検討する。

　一方，野呂・杉山（1995）や Ehrlich（2011）の研究結果が示すように，5
歳児の話し合いのテーマは，問題解決という 1 つのテーマに限らないことが
明らかになっている。それにもかかわらず，問題解決の話し合いは多く注目
されている。その上で，問題解決のための話し合いは，5 歳児クラスの話し
合いにおいて，どのような位置付けとなっているか，まだ不明瞭な点が多い。
そのため，本研究は問題解決の話し合いだけではなく，5 歳児クラスの話し
合いの特徴をまず全体的に捉えることで，問題解決の話し合いを位置付ける。

　また，集団としての話し合いに関して，子どもへの期待は，言語的な相互
作用（Interact）だけではなく，相互の考え（Interthink）の促進も含まれてい
る（Howe & Mercer, 2007; Mercer, 2000）。つまり，話し合いにおける「相互作
用」を捉えるだけではなく，5 歳児がどのように「相互の考えを促進してい
るか」を捉える必要性がある。

3.　発話の「宛先」への着目

　第 3 に，5 歳児と保育者の発話の「宛先」を検討すること。

　本研究は 5 歳児クラスに参加する 5 歳児の「個人」としての視点だけでは
なく，5 歳児間の発話連鎖も検討する。さらに第 1 節の第 4 項で述べた小学
校の教室談話と 5 歳児クラスの話し合い場面との相違，及び発達の連続性を
明らかにしたい。

　そのため，5 歳児の「発話」だけではなく，発話が持っている「宛先」に
着目する。淀川（2015）は，バフチンの「発話論」（1988）に基づき，発話の

本質の特徴である「宛先」に着目し，集団としての対話に参加している2－3歳児の発話の宛先の広がりを検討している。

　従来の言語学者では，話し手（話者）に焦点を当て，聴き手を重視しない傾向が多かった。しかし，バフチン（1988）の理論では，話し手にとって聴き手が極めて重要であり，その役割に着目するために，話し手の「宛先」に着目する必要がある。例えば，バフチン（1988）は「聴き手は，言葉の（言語の）意義を知覚し理解しながら，同時にその言葉に対して，能動的な返答の立場をとる」と述べている。

　他に発話の宛先に着目した研究において，淀川（2009）は保育所の食事場面における対話を検討し，幼児の発話の宛先に着目し分析を行った結果，2～3歳児期において2者間の対話から3者間の対話へと広がり，さらに連続する対話が徐々に見られるようになることが示されている。

　また，磯村ら（2005）が小学校低学年の教室談話を観察した結果，教師が生徒の発話の「宛先」を教師から「みんな」へと修正するように求めることが示された。修正するために，生徒がもともと「教師」に向かっている発話を，「みんな」へと宛先に関する修正するように支援をしていた。

　すなわち，小学校低学年の教室談話において，生徒の発話の「宛先」は多様である。そして教師は，そのような宛先を「みんな」に修正するように支援を行っている。こうした教師の支援によって，生徒が一対一のコミュニケーションから，一対多のコミュニケーションへ転換していく。つまり，生徒は教室談話へ参加の方法を，こうした経験や支援から獲得していく。

　それに対して，保育の場でのクラスの話し合いにおける5歳児の発話の「宛先」はまだ不明瞭な点がある。さらに，保育者がどのように5歳児の発話の「宛先」の修正を支援するかについても検討する必要がある。

　藤江（1999a）は，教室談話研究の成果を検討し，それらが前提としてきたこととして，授業における教室談話の集団性と発話順行性の2つをあげている。前者は，現実の社会的相互作用の母体として，「授業は学級集団の社

会的相互作用によって協同的に成立しているという性質」であり，後者は，談話の構造やシステムとして，「集団において一人の発話者とそれ以外の聞き手という役割のもと，発話者の交替によって進行する談話の性質」としている。

　教室談話の「集団性」について，「発話生成の個別性」と「教室談話における個と集団の関係性」が論じられている（藤江，2000c）。まず，発話生成の個別性について，課題解決の遂行と学級内での関係性への対応の 2 点が議論されている。具体的に，課題解決を遂行する時に，個人がどのように関与しているか，そして，学級内での関係性によって，発話の相手や発話内容をどのように選択しているかということから，教室談話における発話生成の個別性が表されている。次に，教室談話における個と集団の関係性について，個人の発話行為と集団としての教室談話が連動的であり，また個人の発話内容やタイミングは教室談話を活性化する可能性が述べられている（藤江，2000c）。つまり，個人が教室談話に参加することによって，独自の課題関与の仕方と学級内の関係性による発話の相手と内容の選択性が生じる。それと同時に，このような個人の発話行為は教室談話の生成に影響し合い，さらに教室談話が展開していく。

　以上の知見から，小学校の教室談話は「集団性」という性質を持つことが明らかにされた。それに対して，5 歳児クラスの話し合いにおける「集団性」に関する意識はどのような知見が見られているだろうか。

　常田（1997）は，一対多のコミュニケーションに能動的に参加していると見なしうる要件として，「①保育者がクラス全体に話しているとき，自分も聞かなくてはならないとわかる」「②保育者の発問を受けて指名された子どもが応答するとき，クラスを代表して応答していることがわかる」「③応答している子どもとそれ以外の子どももそれがわかり，発言内容をモニターする」をあげている。以上の 3 つの要件を具体的に言うと，①保育者の言葉が特定の 1 人ではなく，クラス全員に向かっている時に聞き手の 1 人としてそ

の言葉を聴く。すなわち，幼児が保育者の言葉の宛先（特にクラス全員が宛先になっている発話）を理解する必要性が示唆されている。そして，②保育者に幼児が自らの応答に対し「個人」の側面と「集団」の側面の意識を持つことである。すなわち，保育者に応答する幼児が，自分の応答の宛先が保育者に向かっている同時に，クラス全員にも向かっていることを意識することである。最後に，③集団にいる聞き手としての意識を持ち，さらに話し手の言葉を聞き取ることである。

　つまり，常田（1997）は幼児が一対多のコミュニケーションに能動的に参加するために，まず保育者の発話の宛先と自分の発話の宛先を理解することが重要であると指摘している。そして，常田で指摘された，幼児が集団にいる聞き手として役割を認識していることは，藤江（2000a）の指摘した「発話順行性」と一致している。また，杉山（2008）は，これらの要件を全て満たすことは幼児期には難しいことを示唆しながらも，一対多のコミュニケーションの経験を通じて，公共性のあることばの理解や産出，集団意識の深まりなど，子どもの社会的能力が促進されることを指摘している。

　しかし，5歳児が「一対多のコミュニケーション」に参加することについて，不明瞭のところがまだ多く，検討すべき課題が残っている。よって，小学校の教室談話の性質である「集団性」「発話順行性」や，常田（1997）が指摘した要件を5歳児クラスの話し合い場面を分析する視点として取り入れることによって，5歳児クラスの話し合いと小学校の教室談話との違いをさらに明確化し，その2者の発達の連続性を示せるではないかと考える。さらに，日常会話場面と異なり，小学校の教室談話とも異なるため，5歳児クラスの話し合い場面は，その2者の中間に位置すると考えられる。その特有の特徴をまとめることによって，5歳児クラスの話し合い活動の意味をさらに明確化することができると考える。

　一方，淀川（2015）は，社会ネットワーク分析の手法の1つである「ソシオグラム（sociogram）」を用いて，食事場面と散歩場面において，2〜3歳

児クラス全員の発話について，宛先の方向と量を時期別に検討を行った。その結果，2〜3歳児一人ひとりが，時期によって集団としての対話への参加の仕方が変化していることが明らかとなった。また，食事場面と散歩場面という場面の違いによって，対話への参加の仕方の異なる子どもが見られた。

　ネットワークは元々，複数の点とそれを結ぶ線で表すことができる。そのため，ネットワークを構成する行為者を点で，行為者間の関係を線で表すことができる。このようなネットワークを作ることが，特定の行為者間の関係のパターンとしての関係構造を示すことを可能にする（安田，2011）。また，行為者間の関係の有無だけではなく，関係の方向性がある場合，矢印で方向性を示すこともできる。社会ネットワーク分析でこのような，社会的な関係性を示すグラフを「ソシオグラム」と呼ぶ。

　5歳児クラスの話し合い場面においても，5歳児の「発話」という行為と発話の「宛先」の方向性から構成されている社会ネットワークが存在していると考える。その社会ネットワークを検討するため，本研究では，淀川（2015）と同じ方法で，「ソシオグラム」を用いて，発話が持つ「宛先」で発話の方向性を示すことにした。さらに，クラスの話し合い場面において，5歳児と保育者の発話で構成されているネットワークを作る。このように，発話の宛先の関係の可視化を図り，集団にいる個々の5歳児がどのように話し合いに参加しているか，集団にいる個々の5歳児と他者との関係を明らかにすることができると考える。

　以上のように述べた小学校の教室談話の「集団性」の特徴の1つである「集団にいる個体発話」は，独自の参加の仕方だけではなく，学級内での関係性によって，発話の相手や発話内容を選択することによって表している。すなわち，本論文は発話と発話の「宛先」の方向性から構成されている社会ネットワークの可視化によって，5歳児がどの話し相手を選び，そして発話で構成されているクラス内の関係性を把握することができ，つまり5歳児クラスの話し合い場面の「集団性」の特徴を描くことが可能になると考える。

さらに，ソシオグラムを用いて，5歳児と保育者の発話と発話の「宛先」の時期的変容を分析することで，5歳児クラスの話し合い場面における「集団性」の特徴の変容を検討することができると考える。

　磯村ら（2005）の研究では，小学校低学年の教室談話において，児童の発話の宛先が修正された場合，発話の宛先は「教師」「特定の子ども」「黒板など」という3種類になったことを示している。本研究は，このような発話の宛先を参考にして，5歳児がクラスの話し合いに参加している時，5歳児の発話は「保育者」に向かっているか，「他児」に向かっているか，それとも「みんな」に向かっているかを検討する。例えば，磯村ら（2005）の研究において，5歳児の発話の「宛先」が「みんな」に向かっている時，クラスの話し合いにおける発話の個体発生の同時に，「集団」に対する意識の芽生えだと言えるだろう。

4.　発話の「機能」への着目

　第4に，発話の「機能」に着目する視点である。

　福崎（2004）は，幼稚園の3－5歳児の幼児の発話を記録し，「みてて」という発話に着目することで，他者との関係に関連する「共感的機能」「方略的機能（みてもらう行為が目的ではなく，他の行為が目的である場合）」「媒介的機能（ほかの思いを伝えたい場合）」という3つの機能が存在し，さらに全体的に「自他関係を繋ぐ機能」として報告されている。すなわち，「みてて」という発話は，単に見てくれるという他者の行為を求めているだけではなく，他者との関係をつなげるためにも機能を果たすことが提唱されている。

　藤江（2000b）は，小学校教室談話における児童の両義的な発話（フォーマルとインフォーマル両方と見なされる発話）に着目し，教師が両義的な発話に合わせた対応を行う事例から，クラスの課題解決を方向付けていたり，授業進行を活性化したりするような機能が報告されている。つまり，教室談話における児童の発話は，発話の本来の機能を超えて，教師の支援によって，さら

に異なる機能を果たすことができると示唆されている。

　また，Mercer（2000）が「協働思考教育介入プロジェクト（TTP）」の開発において，話し合いを「論争型話し合い（Disputational Talk）」「累積型話し合い（Cumulative Talk）」「探求型話し合い（Exploratory Talk）」という 3 種類に分類している。論争型話し合いは，児童が自分の意見を主張し，あるいは他児童の主張に反論するような「一方的」な主張や反論が広がり，議論が進めない状態である。累積型話し合いは，他児童の発言を受け止め，それに同意や同調を示すが，反論がなく，議論が進めない状態である。探究的な話し合いは，児童はお互いの考えを出し合って，批判的に話し合いを進める。さらに，発話の根拠や理由を問いつつ，それに回答しながら議論が進める。最後に，全員の同意に達成し，決定をする。すなわち，Mercer が話し合いを分類する基準となっているのは，児童間の発話が果たす機能の関係である。なぜなら，話し合いにおいて，前に発話した他児の「発話」に対する「応答」が異なる機能を果たし，さらにこのような「発話」と「応答」が交わし，「発話」と「応答」の機能が相互に作用していくことによって，話し合いは異なるように構築されていく。例えば，論争型話し合いにおいて，前に発話した他児の「発話」に対する「応答」が反論（否定）の機能を果たしつづけるが，他の機能を持つ「応答」が出されていなかったため，話し合いは進めない状態になっている。

　Mercer が主張している 3 種類の話し合いにおいて，子どもの発話が果たす「機能」の異なる関係が見られた。そこで，本研究はより微視的に子どもの「発話」と「応答」の機能に着目し，機能の分類をすることで，「発話」と「応答」の時期的変化を明らかにして，異なる種類の話し合いはどのように構築されていくプロセスを明らかにしたい。

第4節　本研究の課題と構成

　本節では，まず第1節から第3節で述べた本研究に関する課題を整理した上で，各課題に関連する本研究の構成を述べる。

1.　本研究が扱う課題

　第1節第1項では，5歳児クラスの話し合い活動の参加について述べた。まず5歳児の発達過程と言語的な発達の特徴を述べ，そして，話し合い活動の参加の発達として，子どもは2者間の会話から，3者間，そして3者以上の集団の話し合いへの参加が可能となる。そのような発達プロセスにおいて，子どもは話者交代のタイミングや，複雑な発話の宛先の判断能力を獲得していく。5〜6歳児期はこうした集団的な対話への転換期とされており，保育者の支援を受けながら，3者以上の集団の話し合い活動に参加することができると考えられる。

　第2項では，小学校への移行期と集団的な話し合いへの参加について述べた。小学校に入学すると，コミュニケーション様式と教室でのやり取りの仕方への適応が要求されている。しかし，実際の幼保小連携活動の多くは，交流が目的で，「子どもの生活や発達の連続性」を捉えた活動は多くないと考えられる。そして，同じく「一対多」のコミュニケーションである小学校の教室談話と比べて，5歳児クラスの話し合いにおける発話連鎖の特徴は不明瞭である。

　第3項では，話し合い活動の重要性を述べた。「確かな学力」そして「創造的対話能力」の育成のために，話し合い活動は重要であると考えられる。さらに幼児期においても話し合い活動は重要である。なぜなら，幼児期の話し合い活動は，幼児期の言語能力の発達を促進するだけでなく，より長期的なスパンでの言語能力や，社会的な能力，文化の学習にも影響を与えている

ことが示されているためである。

　第 2 節では，保育者による話し合い場面における言語的な支援を捉える必
要性を述べた。具体的に，日常の保育の場における保育者の言語的な支援の
特徴を捉え，話し合いの内容をどのように働きかけたかを検討する必要性を
述べた。

　第 3 節では，クラスの話し合いや 5 歳児の参加構造を捉えるため，以下の
4 点を問題点に挙げた。第 1 に，5 歳児と保育者が話し合いに参加する仕方
を捉える視点として，まず 5 歳児と保育者の「発話」に着目した。本研究は
「発話」を分析の基本単位とすることを述べた。第 2 に，5 歳児クラスの話
し合いの「テーマ」及びその時期的変容を捉えることを挙げた。先行研究で
は，話し合うことの目的に気づくことが重要であるとされており，話し合い
のテーマを検討している研究が多く見られた。そのため，本研究はクラスの
話し合いのテーマおよび 1 年間における変化をまず捉える。さらに，先行研
究において多くの注目を集めている問題解決の話し合いは，どのような構成
をしているか，また，クラスの話し合いにどのような位置づけをされている
かを検討する。第 3 に，クラスの話し合い場面に存在している複雑な発話関
係を「宛先」という視点で捉えることによって，発話の方向付けを捉えるこ
とができると述べた。また，社会ネットワーク分析で使われているソシオグ
ラム分析を用いて，宛先の関係の可視化を図り，集団にいる個々の 5 歳児が
どのように話し合いに参加しているかを明らかにすることができると述べた。
第 4 に，発話の直前直後のつながりにおける発話内容の関連性を捉えるため，
発話や応答の機能や発話者の立場などの視点に着目した。5 歳児の応答の機
能を検討することで，5 歳児がクラスの他児や保育者に対する意図を明らか
にすることができると述べた。さらに，5 歳児個人に焦点を当て，それぞれ
の立場によって発話の役割を検討することを述べた。

　以上のように，本研究では，発達研究，言語学，社会学，保育学という複
数の学問領域の知見を参照し，保育における 5 〜 6 歳児の育ちについて，ク

ラスの話し合い場面を通して明らかにすることを目的とする。まとめると，まず①クラスの話し合い場面のテーマと時期的変容を捉える（第3章）。クラスの話し合い場面の特徴，および問題解決の話し合い場面の位置づけを明らかにした上で，②5歳児の発話と発話の「宛先」に着目し，社会ネットワーク分析を参照し，個人と集団の視点で発話の特徴を検討する（第4章）。そして，③発話の宛先と「発話機能」に着目し，5歳児の応答の機能（第5章）および保育者の発話の機能（第7章）を検討する。④話し合いに参加している個人の発話の役割に焦点を当て，異なる立場による発話の異なる役割を比較する（第6章）。このように，5歳児と保育者がクラスの話し合い場面における参加の構造や発話の特徴を複層・立体的に書き出すことが，本研究の課題である。

2. 本論文の構成

本節の第1項に述べた研究課題に基づき，本論文は，第1部〜第5部と全8章で5つの研究により構成する（図1-1）。

まず，第1部「本研究の問題と目的」は，以下の2章からなる。

第1章「先行研究」では，第1節で，5歳児がどのように3者以上の集団の話し合いに参加するか，保育所における「日常会話」場面と小学校の教室談話との相違を検討し，さらに，話し合い活動の重要性を指摘し，5歳児クラスの話し合いに関する課題について述べた。第2節では，話し合いにおける保育者の支援に関する先行研究を整理し，その支援の必要性を述べた。さらに，本研究は保育者の言語的な支援に着目することを述べた。そして第3節では，本研究で対象とする5歳児クラスの話し合い場面における5歳児と保育者の発話の特徴を明らかにするために，諸理論および先行研究による知見を整理し，以下の分析視点をまとめた。第1に，5歳児と保育者の発話を捉えるための視点を述べた。第2に，本研究が着目する，話し合い場面のテーマについての先行研究の整理し，課題をまとめた。第3に，発話の「宛

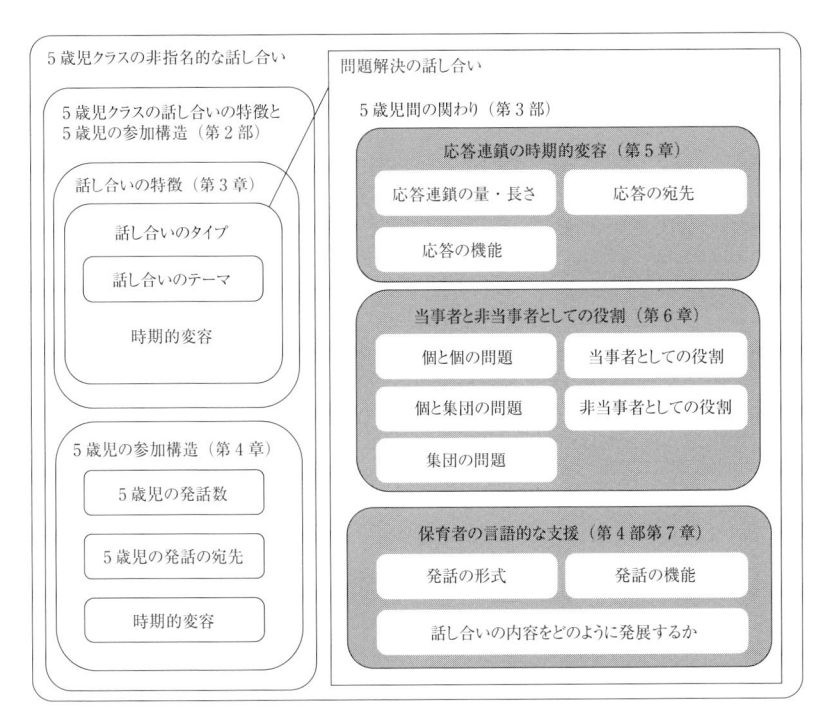

図 1-1　本研究の各部各章の構成

先」に着目し，社会ネットワーク分析を用いて可視化を図ることについて述べた。第 4 に，「発話機能」などを含め，集団にいる 5 歳児の位置づけと発話内容の関連性に着目することを述べた。最後に，以上の分析視点から本研究の目的を示し，本研究の課題と構成について述べた。

　第 2 章「方法」では，上記の研究の目的を達成するために，本研究で使用した方法について，観察の方法と分析の方法を詳細に述べ，特にフィールドノーツの作成と用語の定義に具体的に述べた。

　第 2 部「5 歳児クラスの話し合いの特徴及び 5 歳児の談話への参加の構造」は，クラスの話し合い場面の全体的な特徴と 5 歳児個人の特徴について，量・質的に検討した以下 2 章から構成されている。

　第3章「話し合いのテーマ及びその時期的な変容」では，①場面数，②発話者数及びその変容，③話し合いのテーマの分類及びその変容，④事例分析を含め検討を行う。

　第4章「5歳児の話し合いの参加構造」では，一人ひとりの発話の特徴及び変容を捉らえるため，①発話数，②発話の宛先の量と方向，③発話数と発話の宛先の量・方向の時期的変化について検討する。

　第3部「問題解決の話し合い場面における園児間の関わり」では，問題解決のための話し合い場面に着目し，5歳児の応答連鎖の特徴や異なる立場による5歳児の発話の役割について，量・質的に検討した以下2章から構成されている。

　第5章「応答連鎖の時期的変容」では，①応答の宛先と時期的変容，②応答の機能と時期的変容について検討する。

　第6章「当事者と非当事者としての役割」では，①「個と個の問題」における「当事者に対する」役割，②「個と集団の問題」における「非当事者向け」の役割，③「集団の問題」における「当事者として」の役割，④役割のまとめと2名の比較について検討を行う。

　第4部「問題解決の話し合い場面における保育者の支援」は，第7章「問題解決の話し合いにおける保育者の言語的な支援の特徴」からなる。この章は，①保育者の発話の形式，②保育者の発話の機能の分類，③保育者の発話の機能のカテゴリーをさらに抽象化し上位カテゴリーに分類する，④事例分析を含め検討する。

　第5部「総合考察」は，第8章「総合考察」からなる。この章では，第3章から第7章までの内容を踏まえ，クラスの話し合い場面での5歳児の発話の特徴と変化について，総合的な考察を行い，本研究の理論的意義と限界，方法論的意義，実践に対する意義，そして今後の課題について整理し，本論文を総括する。

第2章　方法

　本章では，前章で整理した本論文の課題に沿って，保育所5歳児クラスの話し合い活動におけるクラス談話の特徴とその変化について明らかにするため，本研究で行った観察と分析の方法について説明する。

第1節　研究協力者

　筆者は，都内認証保育所の5歳児クラスで参与観察を行った。このクラスでは，男児3名と女児6名，計9名で構成されている。このクラスを選定した理由として，本研究はクラス談話の特徴とその変化を明らかにすることを目的としている。そのため，9ヶ月の期間を渡って，クラス談話の変化を検討できるように，大規模のクラスではなく，小規模のクラスを観察することで，詳細なフィールドノーツの作成などの，個々の幼児に寄り添った細かな談話データの収集を試みた。また，観察開始時（2012年度の7月上旬）の平均月齢は70.2ヶ月であり，月齢の範囲は67ヶ月から74ヶ月であった。担任保育者は山田先生（仮名）であり，40代女性，当該園勤務経験9年目，保育士経験年数は13年であった。なお，本研究に出てくる名前はいずれも仮名である。

　当保育所はNPO法人の運営委員会が運営する東京都認証保育所（A型）である。園児定員45名（各年齢1クラス）の小規模保育所であり，職員は正規，契約とアルバイトを含め計19名である。小規模という条件を生かし，保育者と保護者がより近い距離で手を取り合い，子どもと共に成長し，育ち合うことを目指している。保育所は基本事業として，通常保育A，通常保育B，通常保育Cとそれ以外，自主事業として，放課後育成支援も行われ

ている。保育所を卒業し小学生になった児童を支援している。

　園舎は木造の平屋で木のぬくもりを感じて，大切するように作られた。平屋でありながら，開放的な造りで「室内」と「室外（園庭）」の距離を近づけ，素早く庭にアクセスできるように，広めの縁側と階段がデザインされている。広い園舎内において，子どもたちが制限なく動き回ることができる。また，共有のホール，廊下と縁側などでは，0歳から5歳まで異なる年齢の子どもたちが自由に触れ合うこともできる。応接室と図書室を兼用している鍵をかけることができるお部屋（以下は図書室）もあり，図書室の中にピアノが設置されているため，5歳児はよくここで歌の練習や絵本の読み合わせをしている。園庭は園舎の真正面にあり，水遊び，砂遊びや泥遊びを楽しむ子どもたちの姿をよく見かけた。園舎の裏面に保育所の畑があり，季節ごとに異なる植物を植え，サツマイモ，ジャガイモ，きゅうり，なす，トマトなどを栽培している。

　また，園舎内に限らず，緑豊かな周りの環境を活用し，自然や四季を感じ取る幾つかのお散歩コースがある。悪天候や行事などを除いて，各クラスともほぼ毎日散歩に出かける。特に5歳児クラスでは，園舎から徒歩3分の所にあるグラウンドで，鉄棒などの遊具を使ってよく遊んでいる。また，園舎から徒歩1分の所に，和館という施設があり，和館の建物の周りに小さい庭園や，コンクリートで作った空き地もあり，そこでもよくコマ，縄跳びなどで遊んでいる。

　保育所の保育方針として，「水・砂・泥で思いきり遊ぶ」「緊張を解き，しなやかな体をつくる」「やりたい気持ちを大切に育てる」「本物の味覚の獲得をめざして」「自然に触れて」のようにまとめている。

　5歳児クラスの1日の流れとして，登園後自由遊び時間があって，そして9時半から11時半までの間では，集団活動が多く行われている。例えば，大ホールでリズムや歌をする音楽活動や，散歩するなどの身体的な活動や，行事などに関連する総合的な活動などである。そして，11時半からお昼の

準備やお昼寝のためのお布団の準備，飼育動物への餌やりなどの当番活動を行い，12 時前からお昼を食べ始める。昼食後にお昼寝をして，午後 2 時半から 3 時にかけてお昼寝から目覚め，おやつの時間になる。その後，5 歳児クラスは外で自由遊びすることが多く，一人ひとりが好きな遊びをしたり，保育者と好きな遊びをしたりする。午後には，集団活動が少なく，16 時半から 17 時までに園舎に戻る。そのため，本研究の対象となる 5 歳児クラスの話し合い場面は午前中で多く発生し，観察時間を午前中に絞った。また，5 歳児クラスの話し合い場面が発生した場所は，保育室内のみではなく，保育所の園庭，散歩している時の保育所の外なども含まれている。

第 2 節 観察の方法

1. 観察の期間と場面

本論文の予備研究として，2011 年度に同保育所の 5 歳児クラスで観察を行い，7 月から翌年 3 月までに収集した事例を分析した。しかし，当時の観察は 2 週に 1 回の頻度で，基本は水曜日の朝の登園から夕方の下園まで丸 1 日観察を行った。事例分析を行った後，事例の少なさから，保育の日常における話し合い場面を記録できていないことを気づいた。そのため，予備観察を通して，丸 1 日ではなく，5 歳児クラスの話し合いが多く記録されている午前中の保育時間に焦点を絞り，本研究の観察に至った。

よって，2012 年 4 月から翌年 3 月までにもう一回観察をしようとした。しかし，研究の倫理配慮に関して，2012 年 4 月前から保育所側と相談し，その年度の観察と記録の計画，研究の目的を詳細に説明し，そして観察及び観察記録の許可書を作成し，保育所の保育者に通して 5 月の上旬に保護者に提出した。許可書では，観察記録は研究のみに使用することや，5 歳児の個人情報を最大限に保護することなどを記入した。そして 6 月上旬までに保護

者全員から許可をいただき，研究記録の準備段階に入った。

　つまり，本研究での観察は 2012 年 7 月から翌年 3 月までである。そして，観察は週 1 回（通常水曜日）で行い，観察の時間は午前中，9 時 30 分から 12 時まで計 33 回観察を行った。

　予備研究の時に，何度か当時の 4 歳児クラスに入り，一緒に時間を過ごした。そのため，2012 年 4 月から 6 月まで，関係作りのためにクラスに入った時も，子どもたちとより早く信頼関係を築くことができた。

　日常の保育における，集団の話し合い場面を記録するため，本研究は自然観察法を使用した。自然観察法は，保育中において，自然に 5 歳児たちと遊んだり，話ししたりしながら参与観察を行うことである。ただし，本研究の対象となる 5 歳児クラスの話し合い場面が始まった時には，筆者は話し合いに参加も発話もせず，話し合い場面に影響しないように，静かに記録するようにしていた。

　本研究が記録した 5 歳児クラスの話し合い場面の発生する場所では，園舎内に限らず，園庭及び外へ散歩しているところも含まれている。具体的に，「非指名的な話し合い場面」（注 2-1）が発生した場所を分類し，さらに時期別（注 2-2）の頻度をカウントし，各時期の話し合いの場面数を 100 ％として，比率を算出した（表 2-1）。

　全体的に見ると，園舎内は 38 場面（64.4 ％），園舎外は 21 場面（35.6 ％）であった。さらに詳細に見ると，園舎内では，ホール，図書室，縁側，園庭という 4 つの場所が記録された。それに対して，園舎外では，グラウンド，和館の近く，他の散歩の場所が記録された。また，前期では話し合い場面は園舎内のみで観察された。中期からは園舎外でも話し合い場面が観察された。

　また，5 歳児クラスの話し合いに関する先行研究は，朝の集まりの時間に着目していた（野呂・杉山，1995）。しかし，本研究は朝の集まりのみに限らず，保育の日常生活において発生した問題や，ある活動の前後に発生した話し合いを記録できた。園舎内においてクラスの話し合いが開始される時，5

表 2-1　時期別と場所別による非指名的な話し合い場面数（%）

話し合いが発生した場所	より具体的な場所	前期	中期	後期
園舎内 （計 37 場面，63.7 %）	ホール	2 （66.7）	13 （35.1）	9 （50.0）
	図書室	0 （0）	2 （5.4）	2 （11.1）
	縁側	1 （33.3）	4 （10.8）	2 （11.1）
	園庭	0 （0）	2 （5.4）	0 （0）
園舎外 （計 21 場面，36.3 %）	グラウンド	0 （0）	3 （8.1）	0 （0）
	和館の近く	0 （0）	4 （10.8）	0 （0）
	外の他のところ	0 （0）	9 （24.3）	5 （27.8）
合計		3 （100）	37 （100）	18 （100）

歳児たちと山田先生が一緒に座って話し合う様子が多く観察されたが，お昼の当番などを相談している時には，立って話し合う様子も観察された。また，散歩している時も，クラス全員が立って話し合うことが多く見られたが，天気が良い日には，5 歳児たちと山田先生が芝生などに座って話し合う様子も観察された。こちらのことから，本研究は，5 歳児クラスの話し合い場面が発生する場所や，5 歳児たちと山田先生の姿勢や立ち位置を限定した分析は行わないこととした。

2.　観察の仕方とフィールドノーツの作成

　本研究の目的は日常の保育の場における 5 歳児クラスの談話の特徴を明らかにすることである。そのため，観察という方法が最も適していると考える。ゆえに，筆者はフィールドワークを行い，5 歳児クラスの担任の保育者である，山田先生や 5 歳児たちと一緒に行動し，詳細なフィールドノーツを作成した。また，5 歳児クラスの話し合い場面が発生している時，その状況に影響が出ないようにメモを取り，さらに 5 歳児たちと山田先生の発話，宛先や視線などを記録できるように，ビデオカメラで可能な限り 5 歳児全員が画面

に入るように設置し撮影をした（なお，観察中に話し合い場面を記録するために，観察中は常に撮影を行なっていた）。そして，筆記，ビデオと音声記録によりフィールドノーツを作成した。毎回観察後に山田先生にインフォーマルなインタビューを行い，その日の保育計画，意図と活動内容を確認した。

　本研究は日常の保育で発生しているクラスの話し合いの時期的な変化を捉えるため，行事などがある特定の時期にだけ観察を行うではなく，より長期間でフィールドワークを行った。そのため，その保育所で行っている保育や保育所の文化などを知ることや，ここで発生していることをより理解することで，5 歳児たちと山田先生が話していた言葉の詳細な分析が可能となった。また，週 1 回の観察を持続することで，先週から続いている出来事や活動の文脈も理解できた。

1）エピソード記述と発話の文字化

　本研究は，参与観察によってフィールドワークを行い，エピソード記述と発話の文字化を合わせて，フィールドノーツを作成した。

　従来の行動主義の記録手法は，研究対象と距離をとり，外側の視点から行動や言動などを記録することであった。エピソード記述とはこうした記録方法と異なり，研究対象と近く接して，研究者自身で感じたものを大切にする記録方法である（鯨岡，2013，pp23-24）。しかし，エピソード記述は，完全に主観的な感想や創作ではなく，事象の客観的側面（あるがまま）に忠実であることも強調されている（鯨岡，2005，pp20-21）。実際に，保育の実践や研究で多く用いられている記録手法である。

　また，参与観察とエピソード記述を用いたからこそ，談話を記録できるだけではなく，談話が発生する文脈や数週にわたる活動のつながり，山田先生と 5 歳児たちが語った言葉の意味や意図もより理解することができると考える。すなわち，この方法によって，外部から見えない 5 歳児と保育者の豊かさが見えてくる。そのため，本研究において，初回のフィールドワークの時

間では，5歳児クラスだけを記録するではなく，保育所全体の状況（物理的
な状況と保育の雰囲気など，表 2-2 において＊で表示した部分）を記録し，さらに
園長先生や保育者の先生たちからも話を聞き，より保育所の全体を把握でき
るようにした。また，5歳児クラスの話し合いだけではなく，その日，週，
月，期の保育計画やその日の流れも記録した（園やクラスの書面の保育計画を
収集しなかったが，毎日の計画は口頭で山田先生と園長先生に確認した）。文脈を把
握した上，クラスの話し合いをより理解できると考えたからである。具体的
に，クラスの話し合いにおける5歳児たちと山田先生の発話は全てそのまま
エピソードに記録した。発話を記録する方法として，談話研究の記録方法を
用いて，発話の前に番号を振り，話し合い場面のすべての発話に番号をつけ
た（表 2-2 において＊＊で表示した。なお，話し合い場面に属さない発話は番号をつ
けないため，表 2-2 の事例では，発話の番号は 1161 ～ 1240 であり，計 80 発話であっ
た）。また，周りの環境や，話し合いが発生する原因なども詳細に記録し，
なるべく事実のままに記録した。これは，文脈を把握する事が筆者の考えで
はなく，実際に発生した状況や話し合いの流れ，5歳児たちと山田先生の会
話や，発話に伴う行動や表情などを記録した。エピソード記述は観察者が見
た事実を書面で記録する方法であり，事実に基づいても，個人の言葉を用い
て事実を伝えることは，個人の主観が含まれる可能性がある。そのため，本
研究は毎回の観察後に，保育に影響しない程度で山田先生に幾つかの質問を
し，その日の保育計画，ねらいや5歳児の具体的な状況などを確認した。そ
の上，エピソード記述をし，観察した事実を記録し，フィールドノーツを作
成した。その後の分析では，山田先生に確認したことと合わせて，事実を説
明するための考察を行った。

　なお，本研究で扱う話し合い場面における発話数が多いため，筆者が談話
分析のデータの記録方法，すなわち発話の文字化という方法を用いていた。
発話した5歳児や山田先生の名前を行の頭に置き，":"の後ろにその発話
を記録し，"（　）"内にその人の行動や表情を記入した（表 2-2）。

表 2-2　フィールドノーツの作成例

記述内容	例
日付	11 月 13 日　事例 2-1
保育所の全体的な状況 *	天気がいいので，今日の午前中では，保育園の全てのクラスが交代で外に散歩へ出ている。5 歳児クラスはグラウンドの鉄棒のところで少し遊び，先月の運動会でのことを思い出しながら楽しく話し合っていた。そして，鉄棒の近くの，高い木が何本か生えている道にたどり着き，みんながこれからやる「魔法の笛」という劇のことを思い出して，その劇に出てくる歌を何人が歌い始めた。山田先生も 5 歳児たちと一緒に歌ったり，劇のことについて話したりしていた。
話し合い場面発生に至る状況	外で散歩する時間に，グラウンドで鉄棒のところで遊んでいる子どももいたが，みんなが劇の役，道具，弓や籠などについて口々に話し始めた。
話し合い場面発生に至るまでの発話	レン：(全員に向かって) じゃ，次，俺神官やろうかな。 山田先生：(レンに向かって) それが決めたの？ シロウ：(山田先生に向かって) えっ？うち，何になればいい？ 山田先生：(シロウに向かって) あ？ (中略) リュウジ：(山田先生に向かって) それはさ，あれやりたい 山田先生：(リュウジに向かって) 何？あれって？ リュウジ：(山田先生に向かって) 弓 山田先生：(全員に向かって) 弓をやってみよう。だから，竹馬と弓をちょっとやってみようかな。 マオ：(山田先生に向かって) 弓？ 山田先生：(全員に向かって) あと，絵描くとか。 ミホ：折れちゃったもん。(折れた茎を山田先生に見せて) 山田先生：(ミホに向かって) あれれれ，折れちゃったか。 シロウ：(山田先生に向かって) シロウも弓作りたい！棒取りたい！ 山田先生：(シロウに向かって) そういう棒を探さないとならない レン：(山田先生に向かって) どこにある？ リュウジ：(レンに向かって) リュウジは，これを (握っている

	茎を），弓を 山田先生：（全員に向かって）鳥で，弓で取るのかな。 レン：（山田先生に向かって）違うよ。網で。網で。
話し合いの流れと具体的な発話	**1161　山田先生：（レンに向かって）網か。（全員に向かって）あ！鳥籠なんかみたいのを作りたい！ 1162　レン：（山田先生に向かって）こういうのがあるんだよ。 1163　ミホ：（山田先生に向かって）あ！そこにあった！ 1164　山田先生：（ミホに向かって）そこにもあるけどね。（全員に向かって）何かさ，枝とか鳥籠作れないかな？ 1165　ミホ：（山田先生に向かって）編んでね。あ！作れるよ！前には何か編んでたよ。 1166　山田先生：（ミホに向かって）そう？ 1167　ミホ：（山田先生に向かって）うん！ 1168　ユイ：（ミホに向かって）何？どうした？ 1169　リュウジ：（ユイに向かって）これ，くっつければ，本当の弓になっちゃう。 1170　山田先生：（リュウジに向かって）あ〜すごい！何つけるの？ゆみ？でも，それは重いもんね。（そして全員に向かって）何かうまく籠が作れないかな？（枝を捜している様子） 1171　リュウジ：（山田先生に向かって）籠 1172　ユナ：（山田先生に向かって）ユナちゃん，これで弓作る！（言いながら山田先生に接近する） 1173　山田先生：（ユナに向かって）うん？ 1174　ユナ：（全員に向かって）ちょっと折れてるから弓に見える（言いながら山田先生から離れ，ナナコとマオの方に向かう） 1175　山田先生：（全員に向かって）どうやって鳥籠が作れると思う？（何個の枝を拾って，やってみている） 1176　ミホ：（山田先生に向かって）あ！分かった！あのね！（言いながら山田先生に接近する） 1177　シロウ：（山田先生に枝を渡そうとしている）山田先生，ここ，折って，ここ。 1178　山田先生：（シロウに向かって）頑張って折ってみて。 1179　ミホ：（山田先生に向かって）こうやって，こうやって，籠（レンとユイは自分の枝を拾おうとしている。そしてミホ，ハルとマオが山田先生のすぐそばに立つように山田先生に接近し，山田先生は子どもたちと話しながら籠を作ろうとしている。）

	1180　マオ：(山田先生に向かって) でもさ，でも，籠まだいらなかった。 1181　ハル：(山田先生に向かって) 作ったことあるよ。うちで。 (中略) 1232　レン：(山田先生に向かって) 糸とか，紐とか 1233　ミホ：(山田先生に向かって) いいこと考えた！曲がったやつ組んだら？ 1234　山田先生：(ミホに向かって) そうなんだけどね。今，曲がったような感じの (周りを見て) もともと曲がっていう感じのを組むの？ 1235　ミホ：(山田先生に向かって) そう！ 1236　山田先生：(ミホに向かって) あ，なるほどね。 1237　ミホ：(山田先生に向かって) 木の鏡みたい。こういうふうになって (横じゃなくて，縦側に積み上げたような円状を手で描いて) 1238　山田先生：(ミホに向かって) そうそう！そういうふうになっていきたいよね。 1239　ミホ：(山田先生に向かって) 自分で立って 1240　山田先生：(全員に向かって) じゃ，またさ，じっくりこれ考えながらさ，作ってみようか。何か籠みたいのを作れたらいいね。
話し合場面の後	(そして，話し合いが一旦終わって，みんなが保育所に向かって帰る。)

2) 用語の定義

　事例分析を行うため，「話し合い場面」「事例」「発話」の用語を以下のように定義した。

a 「話し合い場面」の定義

　本論文では「1つのテーマについての話し合い場面」を記録した。「1つのテーマについての話し合い場面 (以下は話し合い場面とする)」とは，「保育者を含むクラス全員が参加し (注2-3)，あるテーマについて互いに考えを交わ

す場面」と定義する（注2-4）。ここの「参加」とは，その場面にいることで，必ず話し合いに発言したということではなく，聴いていることも参加の形と捉えた。また，話し合いの場所については限定せず，保育室内，園庭，保育所外などの場所での話し合い場面も含める。話し合い場面の開始と終了も「テーマ」と関連しているため，1つのテーマについて山田先生あるいは5歳児が語り始める時を「話し合い場面の開始」をし，そして，誰もそのテーマに関連する発話をしなくなった時，あるいは他の活動へ移行した時を「話し合い場面の終了」とした。計69話し合い場面を抽出した。

b　本論文の分析対象となる「非指名的な話し合い場面」と事例の定義

　記録されていた69の話し合い場面において，「保育者が指名し，その指名を受けた5歳児が応答する形で進めていく話し合い場面」（計11場面）と，「保育者が指名しない，5歳児たちが自由に応答できる話し合い場面」（計58場面），両方が観察された。そのため，本論文では，前者を「指名的な話し合い場面」とし，後者を「非指名的な話し合い場面」とした。本節第2項1）エピソード記述と発話の文字化に挙げられている事例2-1は，「非指名的な話し合い場面」であり，この区別をより明確にするために，以下に「指名的な話し合い場面」の1つの例を挙げて説明する。

事例2-2　　3月　　「目を見張るってどういう意味？」
午前中に外の散歩から保育所に戻り，お昼まで少し時間があるので，歌の時間にした。広いホールの一角に，ピアノがあって，他のクラスがホールを使うかもしれないため，5歳児クラスはピアノのところに集まった。山田先生がピアノで曲を弾き，クラスのみんながピアノの周りに立って山田先生を囲んでいた。歌の歌詞をひらがなで表示することはなく，先生たちが歌っているのを聴いて自然に歌うようになっている。
その時，歌の歌詞に「目を見張る」という難しい表現が出てきた。その意味について話し合いが始まった。
（前略）

2719　山田先生：(全員に向かって) みんな兄弟，繋がってるよね。根っこと根っこが繋がって，スースースーと出てくるから，根を張って，土の中に根をいっぱい貼って，胸を張って，目を見張るって分かる？

2720　レン：(山田先生に向かって) 目を，目を，目を大事に。

2721　山田先生：(レンに向かって) ハアハア～ (全員に向かって)「目を見張る」が分かる人？

2722　マオ：(山田先生に向かって) はい！

2723　リュウジ：(山田先生に向かって) 目を見張る。

2724　シロウ：(山田先生に向かって) あのさ，張ったはね

2725　山田先生：(全員に向かって) マオ，マオ，ごめん，マオがいいです。

2726　マオ：(山田先生に向かって) 目がパッとなること

2727　山田先生：(マオに向かって) 目がパッとなるのはどういうこと？

2728　リュウジ：(山田先生に向かって) しんめのめだ！

2729　山田先生：(リュウジに向かって) しんめのめ？ (シロウに向かって) シロウは？

2730　シロウ：(山田先生に向かって) えっと，竹とかに入っている目

2731　山田先生：(シロウに向かって) あ～そうか。(全員に向かって) 目を見張るというのは，君たちのことを言ってるよね。目を見張ってというのは，パッと開いて，よくものを見て考えてね，ということ。分かる？

2732　ユナ：(山田先生に向かって) そう！

(後略)

　事例 2-2 のように，山田先生が「目を見張るって分かる？」という質問を提示した後，マオが「はい！」と答えたことに対して，他の幼児に「マオ，マオ，ごめん，マオがいいです。」とマオの名前を挙げて，指名してその幼児に回答させることが見られた。また，その次にも，山田先生が「(前略) シロウは？」のように，前に一度回答しようとしたシロウを指名し，回答させて，話し合いが進行した。つまり，事例 2-2 のように，山田先生が回答する幼児の名前と回答の順序を指定しながら話し合いを進行した話し合いを「指名的な話し合い場面」とする。

　また，山田先生が 1 年間ずっと 5 歳児たちの自主性，主体的な問題解決を支援したいと語っていたため，本論文は山田先生の考えに沿って自主的な話し合いとは言えない「指名的な話し合い場面」を除外した。よって，本論文

は「非指名的な話し合い場面」を分析した。

　また，本論文で扱う 1 発話の定義とは，話者交代（注 2-5）に基づき，1 人が発話の開始から，次の人までを指す。表 2-2 のように，1 場面において，多数の発話が話者の交代によって続いている。

　本論文で扱う 1 事例の定義については，各章の定義が異なるため，各章の方法部分で説明する。

第 3 節　分析の方法

　本節では，本論文全体に共通する分析の方法，すなわち時期による変容を検討する方法を説明する。

　本研究は 9 ヶ月間の観察で得られた事例を 3 期に分け，時期的な変化を分析する。なぜなら，クラスの話し合いにおける 5 歳児の発話の特徴や保育者の支援の特徴は季節，保育所の行事，また 5 歳児の発達によって変わっていくと考えられる。また，保育所の保育過程は，4~6 月を「春」，7 〜 9 月を「夏」，10 〜 12 月を「秋」，1 〜 3 月を「冬」という 4 期に分けている。この分け方に基づき，本研究は観察期間を 3 期に分け，7 〜 9 月を「前期」，10 〜 12 月を「中期」，1 〜 3 月を「後期」にした（各期の観察回数と観察時間は同じ）。具体的に，「前期」では七夕飾り，夏まつり，お泊り会があり，自然と季節を楽しみながら心の豊かさを育むことがねらいになっている。「中期」には，敬老の日，稲刈り，お月見，芋掘り，運動会，山登りが行われ，「働く」ことによって 5 歳児の個々の力の伸びと「仲間意識」の育ちに焦点が当てられている。「後期」にはおたのしみ会，新年お祝い会，雪遊びお泊り会，節分，ひなまつり，餅つき，卒園式があり，小学校への入学準備のため，お昼寝をなくし，食事時間と量の調整も行われている。

　各章では，目的により異なる分析方法で行ったため，章ごとに分析方法を説明する。

第 2 部　5 歳児クラスの話し合いの特徴及び 5 歳児の談話への参加の構造

第3章　話し合いのテーマ及びその時期的な変容

　本章では，5歳児クラスの話し合い場面の特徴及び9ヶ月間の変容を捉えるため，①場面数，②発話者数及びその変容，③話し合いのテーマの分類及びその変容，④事例分析から検討を行う。

第1節　問題と目的

　本章では，次章以降の分析に先立ち，5歳児クラスの話し合い場面の特徴及び時期による集団としての談話の変容を把握することを目的とする。

　第1に，「クラスの話し合い」とは，子どもと保育者が共に参加し，1つの特定のテーマをめぐって話し合うことを指す。そして，その話し合いの形式，テーマ，発話者数などの特徴を明らかにする。

　第2に，5歳児の発話における応答連鎖の関係を明らかにするために，保育者指名による話し合いではなく，「非指名的な話し合い」のみを取り上げた。また，本章は具体的に，クラスでの話し合いにおける発話とテーマを検討する。先行研究では，2つの保育所において，朝の集まり場面に着目した研究は，①過去の経験，②活動への心構え，③行事の相談，④きまりやクラス運営，⑤人間関係という5つの話し合いのテーマが見られた（杉山・野呂, 1995）。また，その中で，「行事の相談」や「決まりやクラス運営」が両保育所で一番多く観察されたテーマであった。しかし，朝の集まりの時間のみに着目すると，話し合いの場面が限られていて，テーマも限定されると考えられる。そこで，本研究は1日の保育の流れの様々な場面で生じる話し合いの特徴をとらえたい。

　そこで本章は，保育の中の様々な場面で生じる話し合いを9ヶ月間にわた

り観察し，発話している幼児や，話し合いのテーマの時期的変容に着目して縦断的に検討する。

第 2 節　方法

　対象クラスと対象児，観察の期間・場面，観察記録の作成方法などは，第2章第1節で述べた通りである。また，時期的な変容についても，第2章第2節で述べた通りである。5歳児クラスの話し合い場面の特徴及び9ヶ月の変容の検討について，本章では以下の手順で行った。

①話し合い場面のカウント

　第2章で述べた通り，本研究は「非指名的な話し合い場面」のみを分析の対象とし，場面ごとに記録を取り，フィールドノーツを作成し，事例として扱った。そして，記録された事例をカウントした。

②発話者数の算出

　発話者の時期的変容を明らかにするため，まず，各話し合いに発言した5歳児の人数を「発話者数」と呼び，それをカウントした。例えば，場面27に発言した5歳児の人数は6人（リュウジ，ユナ，ミホ，シロウ，マオ，ハルという6人，保育者はカウントしない）であったため，発話者数は6人であった。そして，各時期において各話し合い場面の発話者数の平均値を計算し，比較する。発話者の人数だけではなく，話し合いにおける5歳児たちの発話内容の時期的変容も検討する。

11 月 13 日　場面 27
天気がいいので，今日の午前中では，保育園の全てのクラスが交代で外に散歩へ出ている。5歳児クラスはグラウンドの鉄棒のところで少し遊び，先月の運動会で

のことを思い出しながら楽しく話し合っていた。そして，鉄棒の近くの，高い木が何本か生えている道にたどり着き，みんながこれからやる「魔法の笛」という劇のことを思い出して，その劇に出てくる歌を何人が歌い始めた。山田先生も5歳児たちと一緒に歌ったり，劇の役，道具，弓や籠などについて色々話したりし始めた。

発話者番号	（前略）
	1170　山田先生：（リュウジに向かって）あ～すごい！何つけるの？ゆみ？でも，それは重いもんね。（そして全員に向かって）何かうまく籠が作れないかな？（枝を捜している様子）
1（リュウジ）	1171　リュウジ：（山田先生に向かって）籠。
2（ユナ）	1172　ユナ：（山田先生に向かって）ユナちゃん，これで弓作る！
	1173　山田先生：（ユナに向かって）うん？
	1174　ユナ：（山田先生に向かって）ちょっと折れてるから弓に見える。
	1175　山田先生：（全員に向かって）どうやって鳥籠が作れると思う？（何個の枝を拾って，やってみている）
3（ミホ）	1176　ミホ：（山田先生に向かって）あ！分かった！あのね！
4（シロウ）	1177　シロウ：（山田先生に枝を渡そうとしている）山田先生，ここ，折って，ここ。
	1178　山田先生：（シロウに向かって）頑張って折ってみて。
	1179　ミホ：（山田先生に向かって）こうやって，こうやって，籠。
5（マオ）	1180　マオ：（山田先生に向かって）でもさ，でも，籠まだいらなかった。
6（ハル）	
	1181　ハル：（山田先生に向かって）作ったことあるよ。うちで。
	（後略）

③テーマの分類方法

　本章は，クラスの話し合い場面を「タイプ」と「テーマ」によって分類を行う。

　まず，話し合いのテーマは，第1章でまとめた知見に基づき，「話し合いの主題，話題」であると定義した。すなわち何について話し合っているか，話し合いの目的は何かということである。

　次に，話し合いのタイプとは，話し合いのテーマより上位のカテゴリーとして扱い，話し合いの進行の仕方，発展の方向性の違いを区別するために定

義をした。具体的に言うと，クラスの話し合いを「問題解決の話し合い」と
「自由な話し合い」という2タイプに分類した。「5歳児クラス全体が，1つ
の問題へ向き合い，最終的に合意に達することを目的とした話し合い」を
「問題解決の話し合い」とした。それに対して，「問題解決に向けた議論とは
異なり，最終的に合意に達する必要のないものであり，5歳児と保育者が1
つの話題にめぐって，広くなったり深くなったりしていく話し合い」を「自
由な話し合い」と定義した。

　そして，各時期において2タイプの話し合い場面の数をカウントした。こ
の2タイプの変容を比較した後，先行研究に基づいて話し合いをテーマ別に
カテゴライズした。テーマのカテゴリーは表3-1に示された。そして，すべ
てのテーマは話し合いの文脈に基づいて，「計画」「役割決定」「予定」「表
現」「経験」「準備」「振り返り」に分類した。そして，分類の一致率は
90.9％であった（著者と同じ大学院での幼児教育を研究している院生との一致率を
計算した）。

表3-1　クラスの話し合いのテーマと定義

テーマ	定義
計画	どのようにするかを計画したり，一番良いやり方は何かを考えたりする
役割決定	役割を決定する
予定	次に何をするかを決める
表現	難しい単語やある知識に関する表現
経験	過去の経験を話し合う
準備	次の活動を準備について話し合う
振り返り	1つの活動について振り返る

第3節　時期による話し合い場面の変容

　3期にわたって，69の話し合い場面が記録された。各期で見ていくと，前期では7，中期では42，後期では20であった。第2章第1節では，「指名的な話し合い」と「非指名的な話し合い」とに分類し，本研究の分析対象を「非指名的な話し合い」のみにした。

　2種類の話し合い場面の数を表3-2に示した。

　また，前期に話し合い場面の数が少なかった理由の1つは，行事の数が少なかったとねらいが異なるからである。実際に，「前期」では七夕飾り，夏まつり，お泊り会があり，自然と季節を楽しみながら心の豊かさを育むことがねらいとされている。「中期」には敬老の日，稲刈り，お月見，芋掘り，運動会，山登りの行事が行われ，「働く」ことによって5歳児の個々の力の伸びと「仲間意識」の育ちに焦点が当てられている。「後期」にはおたのしみ会，新年お祝い会，雪遊びお泊り会，節分，ひなまつり，餅つき，卒園式があり，小学校への入学準備のため，お昼寝をなくし，食事時間と量の調整も行われている。すなわち，中期から，保育所の行事（オペラと絵の展示などもある）の準備が多く，クラスの話し合いがより多く記録された。さらに，前期には夏休み（注3-1）をまたぐため，休みの幼児が多かったからである。

表 3-2　時期別指名の形による話し合い場面の数（比率%）

話し合い	前期	中期	後期	計
指名的な話し合い	4（57.1）	5（11.9）	2（10.0）	11
非指名的な話し合い	3（42.9）	37（88.1）	18（90.0）	58
計	7（100）	42（100）	20（100）	69

　前期では，「指名的な話し合い」は「非指名的な話し合い」より多くの割

合を占めた（57.1 % と 42.9 %）。しかし，中期から，「非指名的な話し合い」
が多くの割合を占めるようになった（「指名的な話し合い」は中期に 11.9 %，後
期に 10.0 %；「非指名的な話し合い」は中期に 88.1 %，後期に 90.0 %）。

　3 期にわたって，「非指名的な話し合い」の総数は「指名的な話し合い」
より多かった（58 と 11）。これは，山田先生と毎回の観察後のインタビュー
にも語られていたように，指名で話し合いを進めるより，山田先生は 5 歳児
の自由な発話で話し合いを進めることを期待していた。

　5 歳児の発話における応答連鎖の関係を明らかにするため，「指名的な話
し合い」はこれ以降の分析対象から除外する。すなわち，本研究以下の分析
は，すべて「非指名的な話し合い」のみを対象にする。なぜならば，「指名
的な話し合い」において，保育者が 1 人の 5 歳児を指名して応答させること
は，意図的に他の 5 歳児が応答させないようにすることでもある。このよう
な応答関係は，自由に応答できる「非指名的な話し合い」の応答関係とは異
なるためである。

第 4 節　発話者数の変化

　以下は，「非指名的な話し合い」のみを扱い，話し合い場面ごとに発話者
（話し合いにおいて一度でも発言した人）の人数をカウントした。さらに，5 歳
児クラスの総人数 9 名に対し，時期別に，発話者の人数の平均値を計算した
（表 3-3）。

表 3-3　時期別発話者の人数の平均値（M），標準偏差（SD）と比率（%）

時期	前期	中期	後期
発話者の人数の平均値	M=3.67 SD=1.25 （40.8）	M=6.30 SD=1.96 （70.0）	M=5.56 SD=1.77 （61.8）

表3-3のように，発話者の人数の平均値は，前期から中期にかけて増加が見られた（前期に 40.8 %，中期に 70.0 %）。また，中期と後期に発話者数の平均値はともに6割を超えた（中期に 70.0 %，後期に 61.8 %）（注 3-2）。

この結果から，山田先生が指名しなくても，半数以上の5歳児は中期から話し合いに発話したことが明らかになった。

第5節　話し合いのタイプの時期的変容

1.　話し合いのタイプと時期的変容

ここでは，話し合いのタイプと時期の関係について検討する。まず，その内容や文脈に応じた話し合いの変化を明確にするために，話し合いを幾つかのタイプに分けた。多くの研究（上田，2013；柴田，2014 など）が問題解決の話し合いに着目したように，5歳児クラス全体が，1つの問題へ向き合い，最終的に合意に達することを目的とした話し合いを「問題解決の話し合い」とした。このタイプの話し合いは，協同活動をしている時に多く見られた。一方，先行研究とは異なり，もう1つの話し合いのタイプも観察された。このタイプの話し合いは，問題解決に向けた議論とは異なり，最終的に合意に達する必要のないものであった。5歳児と保育者の話し合いが1つの話題にめぐって，広くなったり深くなったりしていた。「問題解決の話し合い」から区別するために，このタイプの話し合いを「自由な話し合い」と呼ぶことにする。これらの話し合いのタイプについて，分類の一致率は 90.0 %であった（著者と同じ大学院での幼児教育を研究している院生の評定との一致率を計算した）。

表 3-4 のように，前期では，「問題解決の話し合い」のみが見られた。しかし，中期から後期にわたって，「自由な話し合い」が出現し，そして「問題解決の話し合い」とは同程度の場面数を示した。

表 3-4　時期別 2 タイプの話し合いの数（比率%）

話し合いのタイプ	前期	中期	後期
問題解決の話し合い	3（100）	19（51.4）	8（44.4）
自由な話し合い	0（0）	18（48.6）	10（66.6）
計	3（100）	37（100）	18（100）

2.　各タイプの事例

　以下では，「問題解決の話し合い」と「自由な話し合い」場面の事例を通して，これらの話し合いのタイプの違いを説明する。

場面 27　（11 月）　問題解決の話し合い

　天気がいいので，今日の午前中では，保育園の全てのクラスが交代で外に散歩へ出ている。5 歳児クラスはグラウンドの鉄棒のところで少し遊び，先月の運動会でのことを思い出しながら楽しく話し合っていた。そして，鉄棒の近くの，高い木が何本か生えている道にたどり着き，みんながこれからやる「魔法の笛」という劇のことを思い出して，その劇に出てくる歌を何人が歌い始めた。山田先生も 5 歳児たちと一緒に歌ったり，劇の役，道具，弓や籠などについて色々話したりし始めた。

（前略）
1170　山田先生：（リュウジに向かって）あ〜すごい！何つけるの？ゆみ？でも，それは重いもんね。（そして全員に向かって）何かうまく籠が作れないかな？（枝を捜している様子）
1171　リュウジ：（山田先生に向かって）籠。
1172　ユナ：（山田先生に向かって）ユナちゃん，これで弓作る！
1173　山田先生：（ユナに向かって）うん？
1174　ユナ：（山田先生に向かって）ちょっと折れてるから弓に見える。
1175　山田先生：（全員に向かって）どうやって鳥籠が作れると思う？（何個の枝を拾って，やってみている）
1176　ミホ：（山田先生に向かって）あ！分かった！あのね！
1177　シロウ：（山田先生に枝を渡そうとしている）山田先生，ここ，折って，ここ。
1178　山田先生：（シロウに向かって）頑張って折ってみて。

1179　ミホ：(山田先生に向かって) こうやって，こうやって，籠。 1180　マオ：(山田先生に向かって) でもさ，でも，籠まだいらなかった。 1181　ハル：(山田先生に向かって) 作ったことあるよ。うちで。 (後略) 1195　シロウ：(全員に向かって) あの，それ (蔓) で (籠の) 周りで，ぐるぐる回っていくと。 1196　山田先生：(シロウに向かって) 組み合わせるってね。 1197　シロウ：(山田先生に向かって) そうそう！ (後略) 1211　山田先生：(全員に向かって) こうやって絡めていけば (枝を絡めて)，こうやってさ，籠っぽくなってきたよね。 1212　ユイ：(山田先生に向かって) これ籠？ 1213　山田先生：(ユイに向かって) そう！でも分からない，あ！落ちちゃう。 (後略) 1216　ユイ：(山田先生に向かって) これで大丈夫なの？ 1217　ミホ：(ユイに向かって) どんどん絡めて行くから。 (後略)

　場面27は問題解決の話し合いである。山田先生が提出した「籠を作る」という話し合いのテーマをめぐって，最初は山田先生が5歳児たちを話し合いに参加するように誘って，そして，籠の形や籠の作り方などに関して話し合いが展開していく。

場面17　(10月)　自由な話し合い
保育所の運動会が終わった次の週であるため，外で散歩するときにも，運動会に関する遊びが続いている。そして，散歩から保育所に戻って，絵本を読む時間になった。5歳児クラスの絵本の読み聞かせは，保育所のホールの一角ですることもあるが，最近は静かな図書室ですることが多い。図書室が広くないので，みんなが場所を譲り合って座っている。 　山田先生が絵本を開くマナーについて話していたら，レンもユイにマナーについて指摘した。そして，リュウジが夜眠れなくなったということを言い出したことから，全員の話題は運動会の前夜に見た夢というテーマに集中した。
727　山田先生：(全員に向かって) いいよ。外で見ていて，もう次のやること知ってるのに，また出すんなら，もう外で読んでいいよ。

728　レン：（ユイに向かって）ユイ，正座しないで。

729　マオ：（ユイに向かって）正座しないで。前の人。

730　リュウジ：（山田先生に向かって）リュウジ……

731　山田先生：（全員に向かって）何で？どうしたの？

732　シロウ：（全員に向かって）何で？

733　リュウジ：（全員に向かって）夜寝れなくなったん。

734　山田先生：（リュウジに向かって）寝れなくなった？どうして寝れなくなったの？

735　レン：（リュウジに向かって）本当？（全員に向かって）運動会の時ね，うち夜ね，寝れなかった。

736　山田先生：（レンに向かって）あ，緊張したの？

737　レン：（山田先生に向かって）ううん。

738　山田先生：（レンに向かって）じゃなくて？楽しい？

739　レン：（山田先生に向かって）怖い夢見た。

740　山田先生：（レンに向かって）どんな夢？

741　レン：（全員に向かって）何か，運動会の夢で，

742　山田先生：（レンに向かって）運動会の夢で怖い夢，どのような夢？

743　レン：（全員に向かって）何かお客さんが，みんな〜何か，

744　ミホ：（レンに向かって）お化け？

745　レン：（全員に向かって）一つになった。

746　山田先生：（レンに向かって）えっ？怖いね！

747　ミホ：（全員に向かって）運動会の夜，こういう夢見た。レンと同じ，運動会の夢なんだけど，お客さんがみんなお化けで，

748　山田先生：（全員に向かって）はあははは（笑う）

749　ミホ：（全員に向かって）ミホ一人が人間なの。

750　シロウ：（全員に向かって）シロウだって，変な夢見たんだよ。

751　ミホ：（全員に向かって）おうちに帰ったら，パパとママはミイラだったんだ。

752　山田先生：（全員に向かって）はあははは（笑う）。それ，怖い！

753　ユイ：（山田先生に向かって）あのね，山田先生，山田先生。

754　ミホ：（全員に向かって）それでね，その時に朝が来て，やっと目を覚めた。

755　山田先生：（ミホに向かって）本当？

756　シロウ：（山田先生に向かって）ね，ね，山田先生。あのね。シロウ，運動会の時の夢なんだけど。あのね，シロウが竹上りしてる時に，周りのお客さんがみんな〜目なしで，口だけあって。鈴鳴らした時に，あの辺から，ミイラがげーて来て，シロウが荒らしたって，落ちて，それでミイラがガッと掴んで，

757　マオ：（シロウに向かって）ミイラになっちゃったの？

> 758　シロウ：(マオに向かって)いいえ，逃げて，おうちに帰ったら，パパとママ
> はミイラで，またつかまれた。そこで目が覚めた。
> 759　ユイ：(山田先生に向かって)ユイはね……
> 760　レン：(全員に向かって)あのね……
> 761　リュウジ：(全員に向かって)……
> (後略)

　場面17は自由な話し合いタイプの話し合いである。運動会前夜の夢とい
うテーマについて，5歳児たちは自分の経験（見た夢）を語り合っていた。
問題解決の話し合いと異なって，テーマに沿って収斂していくことではなく，
むしろ内容を拡散していく傾向がある。

第6節　テーマの変化

1.　時期別のテーマの変化

　「非指名的な話し合い場面」を「問題解決の話し合いタイプ」と「自由な
話し合いタイプ」に分類した上，さらに具体的な話し合いのテーマを検討し，
時期ごとの話し合い場面の数をカウントした（表3-5）。
　そして，表3-5は，話し合いのテーマの時期的変容を示している。前期で
は，「問題解決の話し合い」において，「計画」と「役割決定」のみが見られ
た。中期になると，「問題解決の話し合い」に属する「予定」というテーマ
も見られた。さらに，「自由な話し合い」も出現し，「表現」「経験」と「準
備」という3つのテーマが見られた。その中，「表現」と「計画」が多くの
割合を占めた（29.7％と32.4％）。後期では，新しいテーマ「振り返り」が見
られ，テーマの比率の変化が見られた。「経験」が一番多くなり（22.2％），
次には「役割決定」と「予定」（両方とも16.7％）であった。中期の比率より，
均等になったと言えるだろう。

表 3-5　時期ごとと各テーマの話し合い場面の数（比率%）

タイプ	テーマ	前期	中期	後期
問題解決の話し合い	計画	2（66.7）	12（32.4）	2（11.1）
	役割決定	1（33.3）	6（16.2）	3（16.7）
	予定	0（0）	1（2.7）	3（16.7）
自由な話し合い	表現	0（0）	11（29.7）	2（11.1）
	経験	0（0）	5（13.5）	4（22.2）
	準備	0（0）	2（5.4）	1（5.6）
	振り返り	0（0）	0（0）	3（16.7）
計		3（100）	37（100）	18（100）

　結果として，前期から中期に渡って，テーマが多様になり，活動中で行われている「経験」と言葉や知識に関する「表現」の話し合いが見られた。後期では，多様なテーマの話し合いがより均等に行われ，特に活動後に行われている「振り返り」の話し合いも見られた。

2.　各テーマの会話の例

　まず，第5節で問題解決の話し合いの例としてあげられていた事例は，テーマの分類の「計画」であり，自由な話し合いタイプの例として取り上げた事例は「経験」である。ゆえに，この2つのテーマの例は重複を避けるために本節では繰り返し取り上げることはしない。

　以下は問題解決の話し合いの「役割決定」と「予定」という2つのテーマの事例と，自由な話し合いタイプの「表現」「準備」「振り返り」という3つのテーマの事例をあげる。

「役割決定」　場面57　（1月）「今日の当番は誰だろう？」　後期

　プレイグラウンドで遊んだ後，みんな一緒に片付けて，自分の上着や縄跳びを持って保育所に帰ろうとしていた。その時，山田先生が大きい声で全員に声をかけて，今日のご飯当番や他の当番を確認し始めた。その時に，ナナコとユイは山田先生のそばに立ち，他の幼児は山田先生と少し離れていた場所に立っていた。

2539　山田先生：（全員に向かって）今日のご飯当番は誰になる？
（山田先生の呼びかけを聞き，みんなが山田先生へ近づいていく。）
2540　ミホ：（山田先生に近づき，山田先生に向かって）昨日は，ミホとハル
2541　ハル：（山田先生から少し遠く離れていた場所から山田先生に向かって走ってきて，そして山田先生に向かって）ねね，山田先生，
2542　山田先生：（ミホとハルに向かって）ミッチとハルとユイが，昨日やってくれた？
2543　ミホ：（山田先生に向かって）それが分からなかったから
2544　ハル：（山田先生に向かって）昨日，確かに，餌あげた昨日
2545　ミホ：（ハルに向かって）餌？
2546　山田先生：（ハルとミホに向かって）そうなの？
2547　ハル：（山田先生に向かって）そう
2548　ミホ：（山田先生とハルに向かって）ミッチ，おやつもお昼もご飯当番やってた（指で当番を数えて）
2549　ハル：（驚きの表情で，ミホを見て）えっ？うちお昼やってた。おやつも？
2550　ミホ：（ハルに向かって）おやつもやってたよ
2551　山田先生：（全員に向かって）まあ〜分かった。昨日ご飯当番やったってこと，回そうか？
2552　ハル：（山田先生に向かって）でもさ，誰も金魚やってないと思って，あげたのかな
2553　山田先生：（山田先生に向かって）私ね，そう，おとといも。
（後略）

　場面57では，「役割決定」というテーマであり，当番が誰になるのかという問題について話し合っていた。

「予定」　場面 65　（3 月）　「これから何をする？」　後期

　外で散歩をして，保育所に戻る途中のこと。これから昼食の準備をして，当番活動をする時間になる。その時，ユイが次に昼食ではなく，まず絵を描きたいと言い出した。そこから話し合いが開始した。

（前略）
2780　ユイ：（ハルとミホに向かって）ハルたち，絵描こう
2781　ミホ：（山田先生に向かって）山田先生，絵描き？
2782　山田先生：（ミホに向かって）食べ終わって時間を作って
2783　ユイ：（山田先生に向かって）食べ終わって？
2784　山田先生：（ユイに向かって）食べ終わって，それを見て，時間を作って，描こう
2785　ユイ：（山田先生に向かって）でも，ちょっとだけしてもいい
2786　山田先生：（ユイに向かって）ちょっとだけしてもいいと思うけど
（後略）

　場面 65 は「予定」というテーマであり，保育所に戻る途中に，次に何をするのかについて，クラスが話し合っていた。

「表現」　場面 64　（2 月）　「しっかりものごとを考えよ」　後期

　ホールで，5 歳児クラスはピアノの前に並んで歌を歌っている。その時，歌詞に「目を見張る」という言葉があって，その意味を話し合ったら，「しっかりものごとを考える」ということにたどり着いた。そして，「しっかりものごとを考える」について話し合いが始まった。

（前略）
2760　山田先生：（全員に向かって）「しっかりものごとを考えよ」，それでね，「目を見張れ」，しっかり目で見て，考えてねという同じことなの。「しっかりものごと考えよ」
2761　リュウジ：（山田先生に向かって）しっかりもの？
2762　山田先生：（リュウジに向かって）そう。（全員に向かって）しっかりものことを考えてね。しっかりものじゃないよ。しっかりものを考えよということだね。分かる？しっかりものを考えてる？（マオに向かって）マオは？考えてる？
2763　マオ：（山田先生に向かって頷く）うん。
2764　リュウジ：（山田先生に向かって）リュウジ考えてる

> 2765 山田先生：（ユイに向かって）ユイは？しっかりもののことを考えてる？
> 2766 ユイ：（山田先生に向かって）うん。
> 2767 山田先生：（ユイに向かって）どんなこと考えてる？
> 2768 シロウ：（山田先生に向かって）えっ？これから絵を描く
> 2769 山田先生：（シロウに向かって）はあはあ〜
> 2770 レン：（シロウを見ながら，視線は山田先生に向かっていて）これからご飯
> を食べる
> 2771 山田先生：（全員に向かって）で，小学校に行ったら，どういうふうにやる
> かな？
> 2772 ユイ：（山田先生に向かって）小学校に行ったら，どういうふうにすればも
> う分かってる，お姉ちゃんの見て
> 2773 山田先生：（ユイに向かって）そうなんだ。でもユイはユイで，また違った
> りするの。違うクラスに行って，いろんな人と会って，友達としっかりもの考えて
> （後略）

　場面64では，言葉の「表現」というテーマであり，「しっかりものごとを
考える」ということばについて，みんながどう考えているのかを語り合って
いた。

> 「準備」 場面22 （11月） 「明日サンマ焼きのために用意するもの」 中期
>
> 　ご飯の用意ができて，みんなが自分の位置につき，そろそろご飯を食べ始めよう
> とした時，山田先生が明日サンマ焼きをするために用意するものについて話し合い
> を始めた。
>
> 1039 山田先生：（全員に向かって）後，今日は，今日はエプロンを忘れちゃった
> 人，明日は必ず持ってきてください。エプロンと三角巾。サンマ焼きますよ〜サン
> マを料理するのよ。
> 1040 ナナコ：（山田先生に向かって）ない。
> 1041 山田先生：（ナナコに向かって）ないなら，電話しとくよ。（全員に向かって）
> 山田先生言ったと思うけど，今，リュウジなんか入れているね，引き出しの中に。
> 1042 シロウ：（山田先生に向かって）ある，ある！（手をあげて）いつも入れて
> ある！
> 1043 山田先生：（全員に向かって）山田先生は

1044　シロウ：（山田先生に向かって）お母さんは，予備のために，いつも入れている。

1045　山田先生：（全員に向かって）いつお料理をしようと，思い付くのは分からないから，入れといてねって言ったの。覚えていた人？

1046　シロウ，レン，リュウジ：（手をあげて）はい！

1047　山田先生：（全員に向かって）今回は男の子みんな覚えたけれど。女の子はそのこと忘れてたね。だから，えっとね。例えば，今日料理しました，エプロンね，洗濯で，持って帰りました。そしたら，また

1048　シロウ：（山田先生に向かって）持って来る！その次の日に。

1049　山田先生：（全員に向かって）乾いたら，洗濯で，また入れといてください。タンスの中に。

1050　レン：（全員に向かって）じゃ，さ。

1051　山田先生：（全員に向かって）こういう場所あるでしょう。タンスの奥の方に。

1052　リュウジ：（全員に向かって）サンマのさ

1053　レン：（全員に向かって）サンマの，焼いたら

1054　ミホ：（全員に向かって）サンマのさ，臭いからやめた方がいいのよ。

1055　山田先生：（全員に向かって）もちろん，だから，おいててっていう意味じゃなくて，お洗濯して，また，お料理しますよと言ったら，きれいなのを，入れといたら，あ！今日料理するよ，それから出してくるのは，できるでしょう。

1056　レン：（山田先生に向かって）山田先生，ね，山田先生。サンマの時さ，エプロンが乾かなかったよ。

1057　山田先生：（レンに向かって）サンマを焼く時，あるはずよ。

1058　レン：（山田先生に向かって）だって，首のところ，乾かなかった。

1059　山田先生：（レンに向かって）それだったら，持って帰らないでしょう。

1060　レン：（山田先生に向かって）大丈夫。

1061　山田先生：（全員に向かって）今日は，今日使ってないから。あるでしょう。

1062　リュウジ：（山田先生に向かって）リュウジもある。

1063　山田先生：（全員に向かって）サンマの次の日，お休みだし。すぐにお料理何で言ってないじゃん。

（後略）

　場面22では，今後の活動の準備に関するテーマであり，秋刀魚を焼くためにエプロンを用意することについて，話し合っていた。

「振り返り」 場面50 （1月） 「劇のリハーサルはどうだった？」 後期

　発表会でクラスみんながやる劇のリハーサルをするために，保育所の大きいホールで集まった。そして，みんなが劇の衣装をまとい，道具などを色々持ち込んで，歌ったり，踊ったりして，リハーサルをした。劇のリハーサルの後，みんな一緒に座って，休みながらも，リハーサルについての感想を話し始めた。ここでは，劇の最後に，舞台に立つ人たちがずっと踊った方がいいか，それとも踊って，だんだん揃っていく方がいいかという，劇の結末をどの様な形で表現するのかを話し合っている。

（前略）

2393　山田先生：（全員に向かって）でもこうなったら全員が，なんか，最後やってもいいね。

2394　レン：（山田先生に向かって）よかった。そろったほうがよかった

2395　山田先生：（少し大きい声で，全員に向かって）ね，ね，みんな，見てたユナと，ハルとマオ，

2396　マオ：（山田先生に向かって）うん？

2397　山田先生：（全員に向かって）最後見ていた人，どうだった？

2398　ハル：（山田先生に向かって）楽しかった

2399　山田先生：（全員に向かって）踊ってたこと，揃っていくことと，ずっと踊っていると，どっちがいい？

2400　ミホ：（山田先生に向かって）揃ってるの

2401　山田先生：（ミホに向かって）途中から揃うほうが好き？

2402　ミホ：（山田先生に向かって）そう！

2403　山田先生：（全員に向かって）みんなもやってみてどう？やった人，最後

2404　レン：（山田先生に向かって）えっと，そろってるほうがいい。最後に気持ちがいい。終わってるから，けっこういい

2405　ユイ：（レンに向かって）えっと，気持ち？（山田先生に向かって）何か，仲良しになったかな

2406　山田先生：（全員に向かって）あ〜！最後そろうから，みんなの声が，なんか，一緒になって，仲良しになった気がした？

2407　ユイ：（山田先生に向かって）うん。

2408　リュウジ：（山田先生に向かって）一緒になっちゃった。

（後略）

　場面50では，「振り返り」というテーマであり，劇のリハーサルの後に，劇に対する感想を語り合っていた。

第 7 節　事例分析

　話し合いの中で 5 歳児たちの変化を検討するために，本研究は上記のように定量的に分析するだけでなく，5 歳児たちの参与，話し合いの発展と 5 歳児たちの発言の変化を質的にも検討する。上記の分析に基づき，「問題解決の話し合い」と「自由な話し合い」という 2 種類に応じて個別に検討を行う。

　問題解決の話し合いにおいて，3 つのテーマがあったが，ここでは，3 期に共通して見られた「役割決定」というテーマの話し合いが選んだ。「計画」というテーマの話し合いもまた，3 期に共通して見られたものの，「役割決定」の話し合いは，この保育園で生活する 5 歳児たちの日常的な問題解決をより良く説明できると考えたからである。

　「自由な話し合い」は中期から見られたため，「経験」というテーマの話し合いは中期と後期に回数としてあまり変化が見られなかったため，「自由な話し合い」の代表として選んだ。

1.　「問題解決の話し合い」における時期的変容

　「役割決定」の話し合いは，クラスの問題解決の話し合いにおいて，5 歳児と保育者の時期的変容を説明するために選んだ。

事例 3-1　前期　「役割決定」
外で遊んだ後，5 歳児クラスの全員が保育所に戻ってきた。少し疲れているようで，全員が絵本コーナーに行って，好きな絵本を読み始めた。少し時間が経つと，昼食の時間になってきた。しかし，誰も昼食の当番や布団当番を始めようとしなかった。その様子を見た山田先生は，絵本コーナーに行って，絵本を好き放題に読んでいる 5 歳児たちに声をかけ始めた。
（前略） 19　山田先生：（全員に向かって）ね，年長さん，今は絵本読んでいる時間なの？

（全員絵本コーナーから自分のところに移動する。）
20　山田先生：（全員に向かって）じゃ，いいよ。君たちはご飯食べないだったら
いいよ。ほっとくよ，そのまま遊んでていいよ，どうぞ。
21　マオ：（山田先生に向かって）嫌だ！山田先生，嫌だ。
22　ユイ：（マオに向かって）いいから早くして
（シロウ，レンは自分の当番の図を見て，自分の当番のところに行った。）

　前期で観察された3つの話し合い場面において，その1つは「役割決定」
の場面であった。この話し合いでは，お昼当番の時間になったにもかかわら
ず，5歳児たちはこのことを気付いていなかった。山田先生は5歳児たちに
声をかけ，話し合いを始め，お昼の当番を一緒に決めようとした。

事例3-2　中期　「役割決定」

　昼食の時間が近づいた頃。5歳児たちは自分の当番を示す図の前に来て，自分の
当番を見ようとしていた。しかし，当番を示す図が壊れたため，5歳児たちは自分
の当番を見分けることができなかった。そして，5歳児たちは山田先生を呼んで，
当番の図を山田先生に渡して，話し合いに参加させた。

（前略）
578　シロウ：（山田先生に向かって）あのさ，シロウたち今日ご飯当番だよね。
579　山田先生：（シロウに向かって）えっと，昨日絵だったでしょう。
580　シロウ：（山田先生に向かって）そう。
581　山田先生：（シロウに向かって）だったら，餌やりが昨日でしょう。
582　マオ：（山田先生に向かって）今日私たち布団当番だよ。だって，布団当番
やってないもん。
583　山田先生：（全員に向かって）昨日はこうなってたの。（山田先生は当番の絵
の円盤を左側に回して）今日はこうなるでしょう。
（後略）

　事例3-2は中期の事例である。この事例では，5歳児たちは，当番の図が
壊れていたので，自分の当番を正しく把握できなかった。そのため，5歳児
たちは自分で当番を確認するように話し合いし始めた。山田先生は，その話
し合いに参加するように呼ばれた。しかし，話し合いはうまく進行しなかっ

た。山田先生は，「昨日は絵だったでしょう」「餌やりは昨日でしょう」のように，新たな情報を提供するように，質問で話し合いを進めた。最後に，山田先生は，5歳児たちがその当番を理解させるために，当番の図を回した。

事例3-3　後期　「役割決定」

　プレイグラウンドで遊んだ後，みんな一緒に片付けて，自分の上着や縄跳びを持って保育所に帰ろうとしていた。その時，山田先生が大きい声で全員に声をかけて，今日のご飯当番や他の当番を確認し始めた。その時に，ナナコとユイは山田先生のそばに立ち，他の幼児は山田先生と少し離れていた場所に立っていた。

2539　山田先生：（全員に向かって）今日のご飯当番は誰になる？
（山田先生の呼びかけを聞き，みんなが山田先生へ近づいていく。）
2540　ミホ：（山田先生に近づき，山田先生に向かって）昨日は，ミホとハル
2541　ハル：（山田先生から少し遠く離れていた場所から山田先生に向かって走ってきて，そして山田先生に向かって）ねね，山田先生，
2542　山田先生：（ミホとハルに向かって）ミッチとハルとユイが，昨日やってくれた？
2543　ミホ：（山田先生に向かって）それが分からなかったから
2544　ハル：（山田先生に向かって）昨日，確かに，餌あげた昨日
2545　ミホ：（ハルに向かって）餌？
2546　山田先生：（ハルとミホに向かって）そうなの？
2547　ハル：（山田先生に向かって）そう
2548　ミホ：（山田先生とハルに向かって）ミッチ，おやつもお昼もご飯当番やってた（指で当番を数えて）
2549　ハル：（驚きの表情で，ミホを見て）えっ？うちお昼やってた。おやつも？
2550　ミホ：（ハルに向かって）おやつもやってたよ
2551　山田先生：（全員に向かって）まあ〜分かった。昨日ご飯当番やったってこと，回そうか？
2552　ハル：（山田先生に向かって）でもさ，誰も金魚やってないと思って，あげたのかな
2553　山田先生：（全員に向かって）私ね，そう，おとといも。
（後略）

　後期では，5歳児たちは当番の役割の図を使用していなかった。それに対して，5歳児たちが当番について話し合いで決めるようにした（彼らは昼寝を

していなかったので，お昼寝の当番がなくなった）。5歳児たちは毎日の当番を覚えることは困難であったが，5歳児たちは昔のように山田先生の助けに頼ることなく，当番を想起したり，他の5歳児たちに確認したりすることを始めた。事例3の話し合いのように，ミホは自分が前日に何をしたか覚えていなかった。その時，ハルはミホに質問をかけ，5歳児たちが前日に何をしたかを思い出させて，ミホを助けた。その後，ミホはハルに質問をすることによって，彼女の応答を確認した。

　このプロセスの間，山田先生は5歳児たちに新しい情報を与えることはなかった。山田先生は自分のスタンスを変え，5歳児の発話をリヴォイシングしただけであった。そして，話し合いは5歳児たちが進めた。

2.「自由な話し合い」の変容

　「経験」の話し合いは以下のように，クラスの「自由な話し合い」において，5歳児と保育者の変容を説明するために選んだ。

事例3-4　中期　「経験」

　保育所の運動会が終わった次の週であるため，外で散歩するときにも，運動会に関する遊びが続いている。そして，散歩から保育所に戻って，絵本を読む時間になった。5歳児クラスの絵本の読み聞かせは，保育所のホールの一角ですることもあるが，最近は静かな図書室ですることが多い。図書室が広くないので，みんなが場所を譲り合って座っている。

　山田先生が絵本を聞くマナーについて話していたら，レンもユイにマナーについて指摘した。そして，リュウジが夜眠れなくなったということを言い出したことから，全員の話題は運動会の前夜に見た夢というテーマに集中した。

（前略）
731　山田先生：（全員に向かって）何で？どうしたの？
732　シロウ：（全員に向かって）何で？
733　リュウジ：（全員に向かって）夜寝れなくなったん。
734　山田先生：（リュウジに向かって）寝れなくなった？どうして寝れなくなったの？

735　レン：（リュウジに向かって）本当？（全員に向かって）運動会の時ね，うち夜ね，寝れなかった。
736　山田先生：（レンに向かって）あ，緊張したの？
737　レン：（山田先生に向かって）ううん。
738　山田先生：（レンに向かって）じゃなくて？楽しい？
739　レン：（山田先生に向かって）怖い夢見た。
（後略）

　事例 3-4 は，5 歳児たちと山田先生が過去の経験についての話し合いであった。事例中において，リュウジは「夜眠れなくなった」と述べ，5 歳児たちが学校の運動会の前日に自分が見た夢について話を始めた。しかし，この事例から，5 歳児たちがその時の気分や夢を表現するために，山田先生が 5 歳児に質問している様子が見られた。全体的に，山田先生の支援によって話し合いが進行した。

事例 3-5　後期　「経験」
散歩が終わって，みんな一緒に保育所に帰る途中。5 歳児たちは山田先生の周りに囲みながら歩いている。色々とお話しをしたが，その時，手作りの食べ物についてみんな一緒に話し始めた。

（前略）
2795　山田先生：（全員に向かって）知ってる
2796　ミホ：（山田先生の右側に立ち，山田先生の顔を見ながら）前に作ったことある
2797　山田先生：（歩きながら，全員に向かって）だってピザだとさ，手がそういうふうにやるじゃん。（ピザの生地を作る動きをして）それでうどんはもっと足でギュギュッとやる（話しながら足でその動きを表現して）
2798　ミホ：（山田先生に向かって）ミッちゃん作ったことある
2799　山田先生：（全員に向かって）あるある，山田先生もある
2800　リュウジ：（全員に向かって）今度作る
2801　ユナ：（全員に向かって）えっ？でもじいちゃんね，前ね，うどんで作ってた，作った。

2902　ミホ：（全員に向かって）後味噌作ったことある
（後略）

　5歳児たちは後期において，手作りの食べ物について話し合いするとき，山田先生は質問をせず，5歳児たちと同様に自身の経験について話した。山田先生はこの事例において，5歳児たちが表現したり考えたりすることを助けるために支援をする立場ではなく，5歳児たちと平等に話していた。リュウジは彼が今後うどんを作ると述べたように，話し合いの内容である手作りの食べ物を作った経験を持っていなかった5歳児たちも，積極的に話し合いに参加していた。

第8節　本章のまとめ

　結果として，本章では以下の4点が明らかとなった。

　第1に，本研究の分析対象となる「非指名的な話し合い場面」が各期の話し合い場面に占めた比率は，時期と共に増加し，中期や後期では9割近くを占めた。第2に，「非指名的な話し合い場面」において，各話し合いでの発話者数は中期から増加し，6割以上の5歳児が発話していた。第3に，「非指名的な話し合い場面」の新しい話し合いのタイプ「自由な話し合い」が中期から出現し，話し合い場面のテーマも中期から多様になった。第4に，「非指名的な話し合い場面」における5歳児の参加と保育者の立場は時間とともに変化した。

　さらに，話し合い場面の数が増加した原因として，中期から「自由な話し合い」という新しいタイプの出現だけではなく，テーマの多様化も1つの原因だと考えられる。なぜならば，5歳児は多様なテーマの話し合いが起きることで，より話し合いに参加しやすく，自分の考えを表現しやすいからである。以上の結果から，中期から増加した発話者の人数はそのような話し合い

の変化に影響されているではないかと考えられる。

　第 1 章の先行研究では，野呂・杉山（1995）が 2 つの保育園の朝の集まり時間を計 10 回観察し，クラスの話し合いのテーマを「過去の経験」「活動への心構え」「行事の相談」「きまりやクラス運営」「人間関係」という 5 つに分類していることを述べた。その中でも，「行事の相談」と「きまりやクラス運営」が各自の園に一番多く見られたテーマであった。それと比べると，本研究も「過去の経験」に相当する「経験」に関するテーマ，「活動への心構え」に相当する「準備」というテーマ，「行事の相談」「きまりやクラス運営」「人間関係」が含まれている「計画」というテーマが見られており共通している。それ以外に，本研究は「予定」「役割決定」「表現」「振り返り」という 4 つの独自のテーマを示した。野呂・杉山（1995）は朝の集まり時間に限って観察を行ったため，それ以外の時間にも多様なクラスの話し合い場面が行なわれている可能性を示唆している。実際に，本研究に協力する保育所は朝の集まり時間が決まっておらず，クラスの話し合い場面の発生は即興性があると考えられる。

　また，本研究で記録された話し合い場面のテーマの中，「計画」「振り返り」「表現」などのテーマは，物事の順序に関する知識が必要とされ，また幼児たちの既有知識や幼児たちの経験を思い出させ，話し合いで考えを交わす姿が見られた。すなわち，保育者の支援によって，より抽象的なテーマに取り込むことができたと言えるだろう。それは，Ehrlich（2011）の研究の結果，5 〜 6 歳児同士の話し合い場面と比べ，保育者が一緒に参加している話し合い場面では，話題（テーマ）が長く持続し，文脈と関連が強く，知識や考えに着目したテーマ（抽象的な話題）が多かったことと一致する。

　一方，事例分析では，保育者が 5 歳児たちを誘って話し合いに参加する様子から，5 歳児が自ら問題を発見し，解決しようとして話し合いを開始する様子へと変化していた。すなわち，5 歳児が話し合いに参加する姿勢が変化した。また，このような 5 歳児の参加の姿勢に合わせて，保育者の支援の立

場も変化し続けた。さらに,「指名的な話し合い」の減少と「自由な話し合い」の増加から, 保育者の立場は話し合いを主導することから, 5 歳児たちに自由に発話できる環境を提供することに変更したことが示唆される。また, 中期から後期にわたって, 保育者の発話は間接的に 5 歳児たちを支援することに変更していたと考えられる。そして, 保育者の支援の立場は「自由討論タイプ」の話し合いにおいて, 5 歳児たちと平等になっていた。

　5 歳児が自立的に物事を考え, そして話し合いに参加し自分の考えを交わすことは, 幼児期から小学校への移行期である 5 歳児段階の協働活動の狙いである。本研究の結果を通して, クラスの話し合いにおいて 5 歳児に「参加及び発話しやすい」環境の提供が示唆された。また, 5 歳児期の話し合いは問題解決タイプだけではなく, 1 つの答えに限らない自由な話し合いにも行われていることが示された。他に, 本研究の事例分析で見られた保育者の支援の立場の変化から, 保育者の言葉的な支援も, 5 歳児の発達的変化や 5 歳児が話し合いに参加する姿勢の変化を調整する可能性を示唆されている。

　また, 本章の研究は, 5 歳児クラスの話し合いの特徴に限定されていたが, 9 ヶ月にわたってすべての 5 歳児の具体的な変化を明らかにすることできていなかった。しかし, その個人的な相違を明らかにすることは, 個人の変化をより明確にすることができると考えられる。そこで, 次章から, 5 歳児一人ひとりの具体的な変化に着目し分析を行う。

第4章　5歳児の話し合いの参加構造

　本章では，5歳児クラスの話し合い場面において，一人ひとりの発話の特徴及び変容を捉えるため，①発話数，②発話の宛先の量と方向，③発話数と宛先の量・方向の時期的変化について検討する。

第1節　本章の目的

　本章では，5歳児クラスの話し合い場面において，5歳児一人ひとりの発話の特徴を明らかにすることを目的としている。

　第1章で述べたように，5歳児クラスの話し合いへ参加する構造を捉えるために，バフチンの対話理論に基づき，量的に「発話」の数のみに着目するのではなく，バフチンが強調した発話の本質である「宛先」に着目する。

　そこで本研究は，保育の中の様々な場面で生じる話し合いを9ヶ月間にわたり観察し，5歳児の発話数と発話の宛先の方向に着目し，その立体的な参加の構造を検討する。それによって，集団における5歳児たちの発話の特徴を明らかにし，保育者の支援に示唆を与えることもできると考えられる。

第2節　方法

　対象クラスと対象児，観察の期間・場面，観察記録の作成方法などは，第2章第1節で述べた通りである。また，時期的な変容についても，第2章第2節で述べた通りである。5歳児の発話数や発話の宛先の検討について，本章では以下の手順で行った。
①5歳児一人ひとりの発話数の算出

　第2章方法の用語の定義部分では，1発話の定義とは，話者交代（ターンテーキング）に基づき，1人が発話し始めるから，次の人が発話し始める前までということを指す。この定義に基づき，発話数は発話の数量的な合計になる。

　本章では，まず5歳児一人ひとりの発話総数をカウントし，さらに話し合いのタイプごと及び時期ごとの一人ひとりの発話数を算出した。

②5歳児の発話の宛先（量・方向）の算出

　5歳児一人ひとりの発話数をカウントした後，さらに，5歳児のその発話が誰に宛てているかを分類した。具体的に，5歳児の発話の宛先を分類するため，以下の手順を用いた。まず，宛先を示す言葉のある発話であれば出現した名前に基づいて宛先を判断した。指名性のない発話の場合，まず発話の内容の関連から保育者に向けた発話であるか5歳児に向けた発話であるかを判断し，後者の場合さらにどの5歳児に向けた発話であるか判断した。また，ビデオデータで5歳児と保育者の座る位置，身体の向き，動きや視線を参考にした。

　そして，以上の手順に沿って，5歳児は山田先生や特定の5歳児以外に，全員に宛てている発話も見られた。ここでは，「全員に当てている発話」の分類方法として，「みんな」「年長さん」などのように宛先が直接に示されている発話以外に，まず発話の内容から判断を行った。それと同時に，発話する時に立ち位置として全員に向かっていること，さらに，視線として1人に向けていないことという基準から「全員に当てている発話」であると判断した。

　その発話の宛先に基づいて，UCINET for Windows を用いて，話し合いのタイプ別にソシオグラムを用いて分析を行う。

③5歳児一人ひとりの宛先（量・方向）の時期的変容の分析

　話し合いのタイプによる5歳児の発話の宛先の全体的な特徴のみではなく，時期的な変容も検討する。ソシオグラムを用いてさらに分析と考察を行う。

第3節　園児別の発話数の変容

1.　園児別の発話数

　本節は，まずクラスの話し合いのタイプごとに，5歳児一人ひとりの発話
数をカウントした。そして，問題解決の話し合いの総発話数を 100 ％として，
一人ひとりの5歳児の発話数の比率を算出し，表 4-1 の 2 行目にまとめた。
さらに，自由な話し合いも問題解決の話し合いと同じく，自由な話し合いの
総発話数を 100 ％として，5歳児の発話が総発話数に占める比率を算出し，
表 4-1 の 3 行目にまとめた。

表 4-1　話し合いタイプ別に 5 歳児の発話数（比率%）

発話数	レン	ミホ	シロウ	ユイ	ユナ	リュウジ	ハル	マオ	ナナコ	計
問題解決の話し合い	127 (16.18)	127 (16.18)	121 (15.41)	96 (12.23)	87 (11.08)	80 (10.19)	79 (10.06)	39 (4.97)	29 (3.69)	785 (100)
自由な話し合い	107 (16.67)	102 (15.89)	83 (12.93)	109 (16.98)	66 (10.28)	94 (14.64)	31 (4.83)	33 (5.14)	17 (2.65)	642 (100)
計	234 (16.40)	229 (16.05)	204 (14.30)	205 (14.37)	153 (10.72)	174 (12.19)	110 (7.71)	72 (5.05)	4 (3.22)	1427 (100)

　まず，総発話数から見ると，レン，ミホ，シロウとユイは発話数が多かっ
たが，ユナとリュウジの発話数は9人の平均値（11.11 ％）に近かった。また，
ハル，マオとナナコの発話数が少なかった。月齢（注 4-1）と合わせて見て
みると，発話数が多かったレン，ミホ，シロウとユイはそれぞれ7月，6月，
12 月と8月生まれで，発話数が少なかったハル，マオとナナコはそれぞれ
4 月，12 月と 12 月生まれであった。つまり，発話数が多かった5歳児は必
ずしも発話数が少なかった5歳児より早く生まれたということではなかった。
すなわち，総発話数は月齢と必ず関連しているわけではなかった。しかし，
2 タイプの話し合い場面においても，発話数が少なかったマオとナナコの誕

生日はクラスで一番遅かったことから，月齢は発話数に一定程度影響していることではないかと推測できる。また，発話数と性差について，発話数が少なかったハル，マオとナナコはすべて女児であり，発話数が多かったレンとシロウは男児で，ミホとユイは女児であるという結果も興味深い。従来の研究では，語彙チェックリストによる「語の生産」では，女児の語彙量が男児より有意に多かったこと（小椋ら，1991，1993）や，言葉の発達を影響する脳半球の発達は女児が早かったことが報告されている（Waber, 1976；原，1981）。しかし，クラスの話し合いにおける発話の特徴では異なる結果を得られたので，その原因をさらに検討したいと思う。

　また，5 歳児の全体的な発話数には，話し合いのタイプによる相違が見られなかった。具体的に，2 タイプの話し合いにおいて，レン，ミホ，ユナ，マオとナナコ 5 人の発話数の比率は，大きい差がなかった。それは具体的に，レンとミホは 2 タイプとも発話数が多かったが，ユナは 2 タイプとも平均値に近かった。マオとナナコは 2 タイプの話し合いにおいても発話数が少なかった。しかし，シロウ，ユイ，リュウジとハルの発話数の比率をみると，話し合いのタイプによって発話数の差が見られた。シロウとハルは，問題解決の話し合いにおいてより多く発話したことに対して，ユイとリュウジは自由な話し合いにおいての発話数がより多かった。つまり，話し合いのタイプにかかわらず，発話数の比率が安定している 5 歳児や，話し合いのタイプによって発話数の比率が変化している 5 歳児がいるという違いがあることが明らかになった。

2.　園児別の発話数の時期的な変容

　さらに以下では，表 4-1 に基づき，2 つの話し合いのタイプにおいて，時期の変容を検討するために，時期別と話し合いのタイプ別に 5 歳児クラス一人ひとりの発話数をカウントした。また，各期の総発話数を 100 ％として，5 歳児一人ひとりの発話数が占める比率を算出した（表 4-2）。例えば，問題

解決の話し合いにおいて，前期の総発話数を 100 ％として，2 行目に 5 歳児一人ひとりの比率を算出した。そして，中期と後期の発話数と比率を表 4-2 の 3 行目と 4 行目にまとめた。同じく手続きを行い，自由な話し合いも前期，中期と後期に分けて，5 歳児の発話数とその比率を表の 6 行目と 7 行目にまとめた。

表 4-2　話し合いのタイプ別に発話数（比率%）

タイプ	時期	レン	ミホ	シロウ	ユイ	ユナ	リュウジ	ハル	マオ	ナナコ	計
問題解決	前期	5 (23.81)	0 (0)	6 (28.57)	1 (4.76)	1 (4.76)	3 (14.29)	4 (19.05)	1 (4.76)	0 (0)	21 (100)
	中期	98 (16.31)	106 (17.64)	81 (13.48)	73 (12.15)	74 (12.31)	52 (8.65)	54 (8.99)	36 (5.99)	27 (4.49)	601 (100)
	後期	24 (14.72)	21 (12.88)	34 (20.86)	22 (13.50)	12 (7.36)	25 (15.34)	21 (12.88)	2 (1.23)	2 (1.23)	163 (100)
	計	127 (16.18)	127 (16.18)	121 (15.41)	96 (12.23)	87 (11.08)	80 (10.19)	79 (10.06)	39 (4.97)	29 (3.69)	785 (100)
自由	中期	89 (17.55)	86 (16.96)	63 (12.43)	93 (18.34)	38 (7.50)	71 (14.00)	21 (4.14)	32 (6.31)	14 (2.76)	507 (100)
	後期	18 (13.33)	16 (11.85)	20 (14.81)	16 (11.85)	28 (20.74)	23 (17.04)	10 (7.41)	1 (0.74)	3 (2.22)	135 (100)
	計	107 (16.67)	102 (15.89)	83 (12.93)	109 (16.98)	66 (10.28)	94 (14.64)	31 (4.83)	33 (5.14)	17 (2.65)	642 (100)
計		234 (16.40)	229 (16.05)	204 (14.30)	205 (14.37)	153 (10.72)	174 (12.19)	110 (7.71)	72 (5.05)	46 (3.22)	1427 (100)

注：表中 5 歳児の平均発話数より多かった発話数を太い下線で表示し，5 歳児の平均発話数より少なかった発話数を波線で表示した。

　表 4-2 のように，まず，問題解決の話し合いにおいて，時期別に個人の変容を見ると，レン 1 人だけ，時期に伴い発話数の減少が見られた（前期に 23.81 ％，中期に 16.31 ％，後期に 14.72 ％）。それに対して，ユイ 1 人のみ，時期に伴い発話数の比率の増加が見られた（前期に 4.76 ％，中期に 12.15 ％，後期に 13.50 ％）。ミホ，ユナ，マオとナナコは，前期から中期にかけて，発話数の比率が増加したことに対して，後期になると，発話数の比率が中期より減少したことが見られた。しかし，シロウ，リュウジとハルの発話数の比率は，

前期から中期にかけて減少したが，後期になると再び増加したことが見られた。

　また，発話数の比率の時期的な変容について，発話数が少なったマオとナナコの発話数の比率の変容を見ると，時期にかかわらず安定して，平均の発話数より少なかった。また，発話数が多かったレンとシロウも時期的に安定して，平均発話数が多かった。それに比較して，発話数が多かったミホは前期では発話せず，後期では発話数が平均値に近く，時期的な変容が見られた。つまり，発話数の比率の時期的な変容について，時期を通じて安定していた５歳児と，時期によって発話数の比率が変化していた５歳児がいた。

　さらに，問題解決の話し合いを時期別に全体的に見ると，前期において，クラスの総発話数が少なかったことや，発話しなかった５歳児もいたことから，個人間の発話数の差も大きいと見られた。中期では，クラスの総発話数が多く，後期にクラスの総発話数は中期より少なくなり，そのため発話数のばらつきが再び見られ，発話数が少なかった５歳児（マオとナナコ）は中期の発話数の比率より減少した。

　一方，自由な話し合いにおいて，時期別に個人の変容を見ると，レン，ミホ，ユイとマオの発話数が中期から後期にかけて減少した。それに対して，シロウ，ユナ，リュウジとハルの発話数が増加した。また，ナナコの発話数は中期から後期になっても比率が変わらなかった。その中，特にユナの発話数が大幅に増加した（中期に 7.5 %，後期に 20.74 %）。

　また，発話数の比率の時期的な変容について，発話数が少なかったハル，マオとナナコは安定して発話数の比率が平均値以下であった。しかし，発話数が多かったレン，ミホ，ユイとリュウジの発話数を見ると，安定して２期でも発話数が多かったレン以外，時期によって発話数が大きく変化していた。つまり，発話数が少なかった５歳児は自由な話し合いにおいて時期的に発話数の比率が安定していたが，発話数が多かった５歳児の間では，異なる変容のパターンが存在していた。

　さらに，自由な話し合いを時期別に全体的に見ても，クラスの総発話数が多かった中期と比べると，後期に総発話数が減少し，もともと発話が少ないマオとナナコの発話数も少なかった。それは，問題解決の話し合いの時期的な変容と同じような傾向であった。

　2タイプの話し合いの場面を合わせて見ると，話し合いのタイプや時期にもかかわらず，レンの発話数が多かったことや，マオとナナコの発話数が少なかったことから，3人の発話数が安定しているように見えた。しかし，他児の発話の比率から，個人で独自の変容のパターンがあることが明らかになった。

　5歳児の発話数は発達的に時期とともに直線的に増加していくのではなく，たくさん発話したり，ほとんど発話しなかったりして，発話数が安定している5歳児と，時期や話し合いのタイプによって変化していた5歳児がいることから，5歳児はクラスの話し合い場面において，それぞれの参加の仕方があると推察できる。なぜこのような異なる仕方があるのかについて，検討する必要がある。

　また，2タイプの話し合い場面の中期では，発話数の少ない5歳児がより多く発話していた。それは，頻繁に話し合いが行われる環境と，活発に話し合える環境では，他児たちが話し合っている姿を見ながら，自分も参加し発話してみたいという気持ちが培われるのではないかと推察できる。

第4節　園児別の発話の宛先によるソシオグラム分析

　本節は，話し合いのタイプによる，5歳児の発話の宛先の特徴の相違を検討することを目的としている。第3節では発話数を検討したが，本節はさらに発話の宛先の方向と数量を検討し，5歳児一人ひとりが話し合いに参加する構造をより立体的に検討することを試みる。

　そのため，まず5歳児と保育者の一人ひとりの発話が誰に宛てているかを

分類し，その宛先に宛てて発話した数を算出した。さらに，ソシオグラムを使用し，発話の宛先の数量と方向を可視化にして，分析を行う。また，宛先に宛てて発話した数に大きい差が見られたため，すべての宛先を同じ線で表すのではなく，異なる線で示すことで，より宛先との関係性を説明できると考える。そのため，ソシオグラムの可視化をより分かりやすくし，宛先に宛てて発話した数の頻度を区別し，異なる線で発話数を表示した。

　具体的に，特定の宛先に宛てて発話した数の頻度を分類する方法については，5歳児の平均発話数を算出し，さらにこの平均発話数の10％，30％と50％を使用し，宛先に宛てて発話した数の頻度を分類した。すなわち，問題解決の話し合い場面では，5歳児の発話数の平均値は87.22（11.11％）であったため，平均値の10分の1の発話数である8.72（1〜8発話）を一番少ない発話数にした（図4-1と図4-2では一番淡い点線で表示する）。また，5歳児の発話数の平均値の2分の1である43.61（44発話以上）を一番多い発話数にした（一番太い直線で表示した）。また，自由な話し合い場面では，5歳児の発話数の平均値は71.33であったため，問題解決の話し合い場面の算出方法と同じにして，一番少ない発話数は7.13（1〜7発話）であり，一番多い発話数は35.66（36発話以上）である。ここでは，山田先生の発話数は5歳児たちの発話数より大幅に多かったため，発話数の平均値計算から除外した。ただし，ソシオグラムを作成するとき，山田先生の発話数を表4-3の分類にしたがい，異なる線で表示した。

表4-3　話し合いタイプ別宛先別による発話数の頻度

話し合いのタイプ	一番少ない発話数 （10％以下）	やや少ない発話数 （10％〜30％）	やや多い発話数 （30％〜50％）	一番多い発話数 （50％以上）
問題解決	1〜8	9〜26	27〜43	44〜
自由	1〜7	8〜21	22〜35	36〜

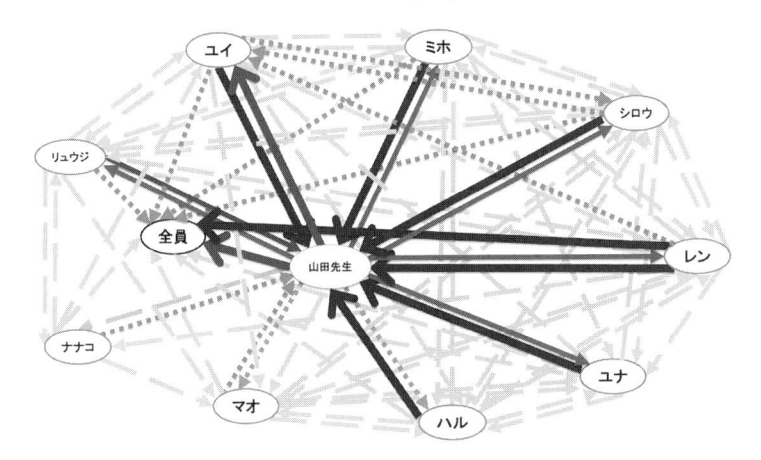

＊線は，発話数が 1 〜 8（┈┈▶），9 〜 26（┈┈▶），26 〜 43（➡），44 〜（➡）に対応。

図 4-1　問題解決の話し合いにおける発話の宛先の方向と量

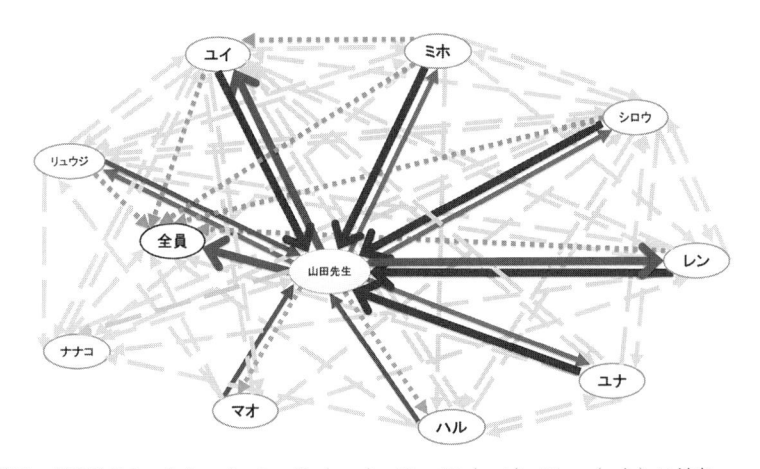

＊線は，発話数が 1 〜 7（┈┈▶），8 〜 21（┈┈▶），22 〜 35（➡），36 〜（➡）に対応。

図 4-2　自由な話し合いにおける発話の宛先の方向と量

　2 タイプの話し合いとも，クラスの構成員で相互に多くの発話のやり取り
がなされているため，やりとりを表す線は密集している。全体的に，5 歳児
と山田先生は相互に宛てている発話の量が多かったことが見られた。また，

山田先生以外に，5歳児が全員に宛てて発話することも多く見られた。

　問題解決の話し合いでは，ユイとシロウの間の発話やレンがユイに宛てている発話が多く見られたのに対し，自由な話し合いではミホがユイに宛てている発話が多かった。すなわち，話し合いのタイプによって，5歳児間の異なる宛先関係が見られた。

　また，発話数と宛先の方向を合わせて見ると，発話数が多い5歳児（レン，ミホ，シロウとユイ）は山田先生だけではなく，全員に宛てて多く話したり，特定の他児にも宛てて話したりした。それに対して，発話数が少ない5歳児（ハル，マオとナナコ）は，他児に宛てている発話数は少なく，山田先生に対して発話することも少なかった。さらに，山田先生からの発話数もより少なかった。それはつまり，発話数が少なかった5歳児と保育者の間において，発話の相互的な関係の少なさを指摘できると考えられる。すなわち，発話数が少ない5歳児を話し合いに誘うために，保育者が積極的に話しかけることだけではなく，発話数が少ない5歳児に常に気を配り，その5歳児達が参加している様子を確認する必要があると示唆される。

　さらに，話し合いのタイプによって，発話数が多かった5歳児（レン，ミホ，シロウとユイ）の発話のやり取り数は変わらなかったことに対し，発話数がより少なかった5歳児（ユナ，ハル，マオとナナコ）の発話のやりとり数は話し合いのタイプによって異なる傾向が見られた。具体的には，マオ，ハルとユナは問題解決の話し合い場面において，より多くの他児とやりとりしていた。それに対して，ナナコは自由な話し合い場面において，より多くの他児とやりとりをした。すなわち，発話数がより少なかった5歳児は，より自分の好みで話し合いに発話する傾向があると示唆される。そのため，話し合いにおいて，より発話数が少ない5歳児に耳を傾け，かれらの発話を丁寧に拾いあげ，さらに話し合いの発展の機会を作ることが必要だと考えられる。

第5節　話し合いのタイプによる発話の宛先の特徴

本節では同じくソシオグラムを使用し，異なる話し合いタイプにおいて，時期による5歳児の発話の宛先の変容を検討する。

1.　ソシオグラム図の作成

全体的な発話数と異なるため，ソシオグラムで宛先の量を表す線の範囲を改めて決めた。線の表し方は第4章第4節で説明した仕方と同じである。しかし，自由な話し合いは中期から出現したため，ここでは問題解決の話し合い場面の発話数を使用し，宛先の量を表す線の範囲を決めた。3期に分けたため，問題解決の話し合い場面の総発話数（785発話）を3で割って，3期平均値を求めた（261.67発話）。さらに，この平均値に基づき，5歳児が各期における平均の発話数を算出した（29.07発話）。

表 4-4　2タイプの話し合いにおける時期別の発話数の分類

一番少ない発話数 （10 ％以下）	やや少ない発話数 （10 ％〜 30 ％）	やや多い発話数 （30 ％〜 50 ％）	一番多い発話数 （50 ％以上）
1 〜 2	3 〜 8	9 〜 14	15 〜

表 4-4 のように，5歳児たちの各期の平均発話数が 2.91 のため，一番少ない発話数を 1 〜 2 発話にし，やや少ない発話数は 3 〜 8 発話にした。そして，やや多い発話数を 9 〜 14 発話とし，一番多い発話数を 15 以上の発話にした。

そして，表 4-4 に示されたような発話数に基づき，異なる線で宛先の量を表し，2タイプの話し合い場面のソシオグラム図を作成した。

2.　問題解決の話し合いにおける宛先の方向と量および時期的変容

　本節は，まず問題解決の話し合いにおいて，宛先の方向と量の特徴，および時期的な変容を検討する。以下は3期のソシオグラム図である（図4-3，図4-4，図4-5）。

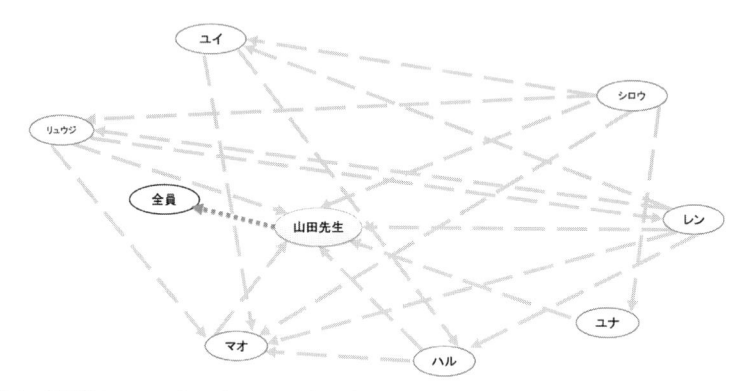

＊線は，発話数が1～2（┄┄▶），3～8（┅┅▶），9～14（──▶），15～（━━▶）に対応。

図4-3　問題解決の話し合いにおける前期の発話の宛先の方向と量

　問題解決の話し合い場面において，前期では，全体的にやりとりが少なかった。それは，記録されていた話し合い場面数も，発話数も少なかったからである。また，総発話数が少なかったため，5歳児の間や5歳児と山田先生のやりとりも少なかった。その中，ミホとナナコは発話しなかった。山田先生が全員に宛てている発話はやや多く見られた。また，お互いに宛てている発話は，リュウジとレンの間しか見られなかった。

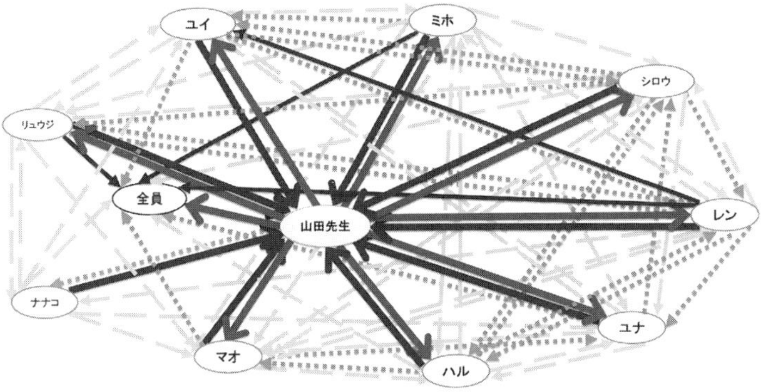

＊線は，発話数が 1 ～ 2（┈┈▸），3 ～ 8（┈┈▸），9 ～ 14（⟶），15 ～（➡）に対応。

図 4-4　問題解決の話し合いにおける中期の発話の宛先の方向と量

中期になると，まず，全員が発話していた。そして，5 歳児の間も，5 歳児と山田先生も，やりとりが盛んであるように見えた。その中，山田先生がナナコに宛てている発話以外で，5 歳児と山田先生のやりとりが一番多く見られ，一番多い発話数を超えた（15 発話以上）。全体的に，5 歳児がクラス全員に宛てている発話もより多く見られたが，その中でも特にリュウジ，ミホとレンが全員に宛てている発話が多かった（9 ～ 14 発話）。5 歳児の間のやり

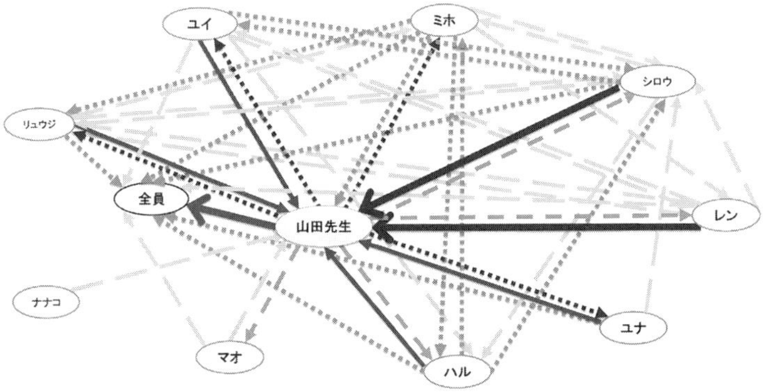

＊線は，発話数が 1 ～ 2（┈┈▸），3 ～ 8（┈┈▸），9 ～ 14（⟶），15 ～（➡）に対応。

図 4-5　問題解決の話し合いにおける後期の発話の宛先の方向と量

とりでは，レンがユイに宛てている発話がより多く見られたことに加え，ユイとシロウの間や，ハルとシロウの間や，ハルとレンの間やリュウジとレンの間にも見られ，ほかにも多数のやりとりが行われていた。

　後期では，全体的に，やりとりが中期より減少したように見えた。その中にも特に，山田先生が各5歳児に宛てている発話が大幅に減少した（1〜8発話）。5歳児が山田先生に宛てている発話も中期より減少したが，特にナナコとマオが山田先生に宛てている発話が一番多く減少した。また，5歳児がお互いに宛てている発話は，ユイとシロウの間や，ミホとハルの間に多く見られたが，ほかに，ミホがリュウジに宛てている発話や，ハルがシロウに宛てている発話もより多く見られた。

　全体的に見ると，中期の総発話数が前期と後期よりも大幅に多かったため，前期では全体的にやりとりが少なかったが，中期になると，5歳児クラスの話し合いにおける発話のやりとりを示す線も一番密集しているように見えた。後期では，中期よりやりとりの総数が減少した。

　つまり，全体的な宛先の量や方向は，時期により発達的に増加する傾向ではなかった。宛先の量は中期になると大幅に増加し，後期になると前期より多かったが，中期よりある程度減少した。具体的に，前期から中期にかけて，山田先生と5歳児たちの宛先の量も大幅に増加した。中期から後期にかけて，山田先生が5歳児に宛てている発話数が大幅に減少した。5歳児の中で，発話数と宛先の量両方が大幅に減少した場合も，宛先の量がある程度維持されている場合も見られた。そのため，以下は5歳児一人ひとりの時期的変容を検討する。

3.　自由な話し合いにおける宛先の方向と量および時期的変容

　自由な話し合いにおける宛先の方向と量の特徴，および時期的な変容を検討する。以下は中期と後期のソシオグラム図である（図4-6，図4-7）。

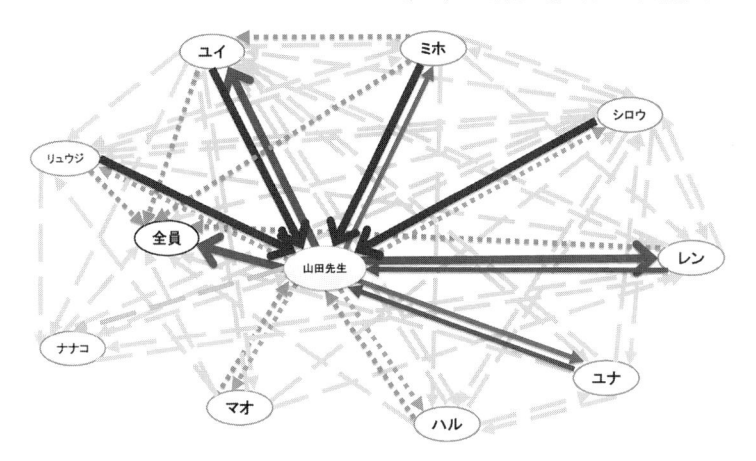

＊線は，発話数が 1 ～ 2（‥‥▶），3 ～ 8（‥‥▶），9 ～ 14（━▶），15 ～（━▶）に対応。

図 4-6　自由な話し合いにおける中期の発話の宛先の方向と量

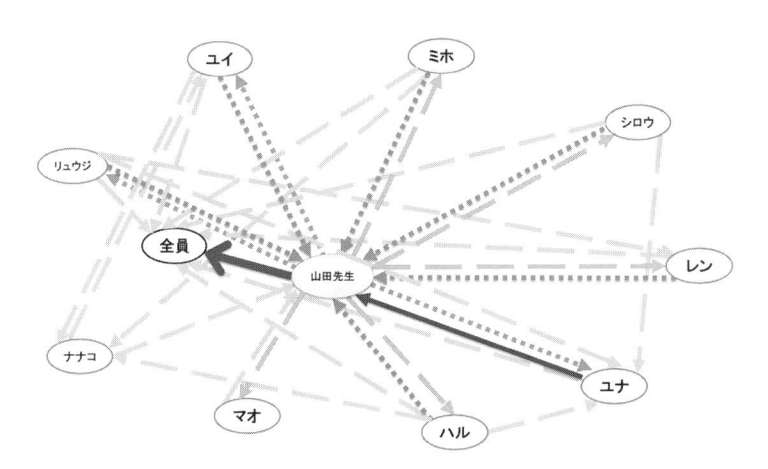

＊線は，発話数が 1 ～ 2（‥‥▶），3 ～ 8（‥‥▶），9 ～ 14（━▶），15 ～（━▶）に対応。

図 4-7　自由な話し合いにおける後期の発話の宛先の方向と量

　自由な話し合いにおいて，中期では，全員が 1 回以上発話したことが見られた。そして，5 歳児の間でも，5 歳児と山田先生の間でも，盛んなやりとりが見られた。しかし，問題解決の話し合いと違って，山田先生がクラス全

員，ユイとレンに一番多く宛てて発話したが，シロウ，ハル，マオとナナコに宛てている発話がより少なかった。また，5歳児が山田先生に宛てている発話数の差も見られた。レン，ミホ，ユイとリュウジが全員に宛てている発話が多かった。また，5歳児の間の宛先について，ミホがユイに宛てている発話数が多く見られた。

　後期になると，全体的に中期と比べてやりとりが大幅に減少した。山田先生が全員に宛てている発話数が中期と同様に多かったが，5歳児に宛てている発話が減少し（0〜8発話），5歳児が山田先生に宛てている発話数も減少した。また，5歳児がクラス全員に宛てているやりとりが中期と同様に見られたが，5歳児の間のやりとり数が大幅に減少した。

　全体的に見ると，問題解決の話し合いと同じく，中期の発話数が一番多かったため，やりとりも中期が盛んであることが説明できる。中期から後期にかけて，5歳児と山田先生のやりとりと，5歳児がクラス全員に宛てているやりとりが後期になっても見られたことに対して，5歳児の間のやりとりが少なくなり，さらになくなったことも見られた。

4.　本節のまとめ：宛先の時期的変容（話し合いのタイプの相違）

　本節は2タイプの話し合い場面の宛先の量と方向の時期的変容を検討した。
　2タイプとも，発話数が一番多かった中期において，クラスの構成者全員のやりとりが一番多くなっていた。問題解決の話し合いでは，5歳児が山田先生やクラス全員に多く宛てて発話をした。山田先生も，5歳児に宛てている発話が多かった。しかし，それに対して，自由な話し合いにおいて，山田先生に宛てている発話数や，山田先生からの発話数には，幼児による差が見られた。

　また，2タイプとも，後期では全体的に発話数が減少した。問題解決の話し合いでは，話しかける相手の人数が変わらなかった5歳児と相手の人数が大幅に減った5歳児に分けられた。しかし，自由な話し合いでは，全員の相

手の人数が減少した。

　さらに，後期において，2 タイプとも山田先生から全員に宛てている発話の多さは変わらなかった一方で，5 歳児一人ひとりに宛てていた発話が減少した。また，中期では 5 歳児から山田先生への発話が圧倒的に多かったことに対して，後期では，5 歳児が山田先生への発話数とクラス全員への発話数の差が縮んだ。つまり，山田先生が「クラス全員に向けて発話する」という発話の姿勢を自らが時期を問わず実践し，さらに 5 歳児たちがクラス全員に向けて発話できるように支援していたと推察できる。

　他に，話し合いのタイプによって，5 歳児間の宛先が異なっていた。問題解決の話し合いでは，レンがユイに宛てている発話がより多く見られたこと以外，ユイとシロウの間や，ハルとシロウの間や，ハルとレンの間やリュウジとレンの間にも発話が見られて，ほかにも多数のやりとりが見られた。自由な話し合いでは，ミホがユイに宛てている発話が多く見られた。

第 6 節　話し合いのタイプによる 5 歳児の発話数と宛先の分析

　本節では，5 歳児の発話数と宛先に合わせて，話し合いのタイプによって時期に伴う変容の仕方が異なるかどうかを分析する。特に，発話数の多かった 5 歳児と発話数が少なかった 5 歳児との比較によって，異なる発話の特徴を捉える。

　まず，話しかける相手の人数について，発話数の多い 5 歳児は，山田先生・他児などに満遍なく話しかけており，一方，発話数の少ない 5 歳児は，山田先生に対しても他児に対してもあまり話しかけていなかったことが見られた。

　また，発話数と宛先の変容について，問題解決の話し合いでは，発話数が多かった 5 歳児は後期になっても，話しかける相手の人数が減らなかったのに対して，発話数が少なかった 5 歳児の話しかける相手の人数が大幅に減少

した。すなわち，発話数が多かった5歳児と発話数が少なかった5歳児では，時期により，宛先の人数の変容に異なる傾向が示された。

第7節　本章のまとめ

　本章では，5歳児クラスの話し合い場面において，一人ひとりの発話数，発話の宛先の量と方向及びその時期的な変容について検討した。その結果は以下の5点にまとめられる。

　第1に，総発話数から見ると，発話数が多かった5歳児，平均値に近い5歳児と発話数が少ない5歳児のように，発話数によって分類することができ，話し合いにおいて5歳児による異なることが明らかになった。また，話し合いのタイプによって，全体的に5歳児の発話数が大きな違いは見られなかったが，5歳児個人の好みにより，話し合いのタイプによって発話数の差があったことも見られた。

　第2に，話し合いのタイプ別の発話数の時期的な変容について，まず，2タイプの話し合いにおいて，発話数の変化の傾向は5歳児によって異なっていた。また，2タイプそれぞれで，5歳児の多様な発話数の変容のパターンが見られた。その中で，特に2タイプに共通して，発話数が少なかった5歳児は中期ではより多く発話したが，後期になると発話数が減少していた。

　第3に，5歳児の発話の宛先の量と方向に基づいて，ソシオグラム分析をした結果，まず，2タイプの話し合いとも，クラス全員がお互いにやり取りしていたことが明らかになった。その中で，5歳児と山田先生の間のやり取りや，5歳児がクラス全員に宛てている発話が多く見られた。また，問題解決の話し合いでは，ユイとシロウの間の発話やレンがユイに宛てている発話が多く見られたのに対し，自由な話し合いではミホがユイに宛てている発話が多かった。すなわち，話し合いのタイプによって，一部の5歳児は異なる他児とより多くやりとりすることが見られた。

　第4に，話し合いのタイプによって，5歳児の発話の宛先の量と方向の時期的変容を検討した結果，2タイプの話し合いに共通して，中期でやりとりが一番多く，後期ではやりとりが減少していた。また，話し合いのタイプによって5歳児の話しかける相手の人数が異なることや，山田先生が5歳児に宛てている発話数が異なること，5歳児の間の宛先の関係が異なることが明らかになった。

　第5に，5歳児の発話数と宛先の量と方向を合わせて分析した結果，まず，発話数が多かった5歳児と発話数が少なかった5歳児の宛先の量の差が明らかになった。発話数が少なかった5歳児はクラス全員や特定の他児に宛てている発話数も少なかった（宛てていなかったこともあった）ことに加え，山田先生に対する発話が少なかった。さらに，発話数の少ない5歳児に対し，山田先生からの発話数も少なかった。一方，発話数が少なかった5歳児は，話し合いのタイプによって，異なる発話の好みが見られた。具体的に，マオ，ハルとユナは問題解決の話し合い場面において，より多くの他児とやりとりした。それに対して，ナナコは自由な話し合い場面において，より多くの他児とやりとりをした。すなわち，発話数がより少なかった5歳児は，より自分の好みで話し合いに発話する傾向があると示唆されている。

　第3章第4節では，話し合いの中で発話した5歳児の人数の時期的な変容を検討し，本章はさらに具体的にどの5歳児が発話したかについて検討を行った。その中で，話し合いのタイプが異なるにもかかわらず，5歳児の全体的な発話数の傾向には大きな違いがなかった。しかし，2タイプの話し合いとも，時期的に見ると，5歳児一人ひとりが9ヶ月にわたり，個々が異なる変化を遂げたことが明らかになった。クラスの話し合いにおいて，5歳児の発話数の共通する変化のパターンは見出されなかった。それは5歳児の話し合いにおける発話数の複雑さを示すが，発話の量だけではなく，さらに他の視点から5歳児の変容を検討する必要性も示唆された。

　本章は，5歳児一人ひとりの発話数とその比率を分析し，発話数が少な

かった5歳児が時期にかかわらず発話の比率が低かったのに対し，発話数が多かった5歳児には話し合いのタイプや時期によって異なる変容のパターンが見られた。時期とともに発話数が一律に増加していくのではなく，5歳児一人ひとりに独自の参加の仕方があると推察される。それは，藤江（2000c）が論じている教室談話の「集団性」の特徴の1つである「発話生成の個別性」，すなわち，小学校教室では個人がどのように課題と関与しているかという集団にいる個人の特徴があるという知見と関連する。つまり，本研究で見られた5歳児一人ひとりがクラスの話し合い場面に参加するための独自の仕方もクラスの話し合い場面の「集団性」の特徴と捉えることができる。

　以上のような5歳児一人ひとりの参加の仕方の違いから，保育者は，単に指名して話し合いに参加させるのではなく，5歳児の個性を尊重し，適切な話題の選択や非言語的な支援を行い，発話が少ない5歳児に対して常に参加している時の姿を確認するなどして支援することの必要性が示唆された。

　また，第1章でまとめた先行研究では，常田（1997）が幼児期において，一対多のコミュニケーションに能動的に参加するために，子どもはまず保育者がクラス全員に向かって発話していることと，自分の発話の宛先がクラス全員に向かっていることを理解することが重要であると指摘している。本章の結果から見ると，問題解決の話し合い場面において，前期では山田先生が「クラス全員」に対する発話が多く，しかし，5歳児たちが山田先生や他児に向かっていることが見られた。すなわち，前期において，5歳児たちはまだ保育者の発話の宛先や自分の発話の宛先を理解していなかったことを推察できる。そして，中期において，保育者が「クラス全員」にも向かって多く発話したことに対して，「クラス全員」に向かって発話した5歳児が前期より大幅に増加し，さらに後期になってもその傾向が持続していた。それはつまり，中期から，多くの5歳児は保育者の発話を聞き，さらに自分の発話の宛先を理解し始めたのではないかと考えられる。また，自由な話し合い場面においても，「クラス全員」に向かって発話した5歳児は中期にも後期にも

多く見られた。つまり，本研究で記録されたデータから，5 歳児の時期において，幼児たちはクラスの話し合いを通じて，徐々に保育者が「クラス全員」に向かっている発話を理解し，さらに自分の発話も「クラス全員」に向かっていることを理解していくと推察できる。

　そして，ソシオグラム分析を取り入れ，5 歳児の発話の宛先の量と方向の視点から分析を行った。宛先の量と方向の可視化により，2 タイプの話し合いにおける 5 歳児や山田先生の宛先の関係が明らかになった。その中，山田先生は，2 タイプの話し合いの両方でクラス全員や，ユイに対して多く発話したが，自由な話し合いにおいて，レンに宛てている発話も多かった。山田先生の発話の特徴は改めて以降の章（第 7 章）で検討する。中期に山田先生と 5 歳児一人ひとりのやりとりが多かったことに対し，後期に山田先生から個々の 5 歳児に対する発話が減少し，全員に対する発話が多かった。後期では，5 歳児も山田先生に宛てている発話が減少し，全員に宛てている発話との差が縮んでいた。山田先生はまず一人ひとりに対して応答し話し合いへの参与を増やし，そして 5 歳児間のつながりへ支援し，徐々にクラスへの支援へ変化していたと推察される。

　また，話し合いのタイプによって，5 歳児間の異なるやり取りの関係も見られたが，そのような発話の具体的な内容などは，次章で検討を行う。

　最後に，発話数が少なかった 5 歳児への支援に関して，発話数が少なかった 5 歳児の時期的な発話数を見ると，時期に伴う増加は見られなかった。それは，時期的な傾向ではなく，他の方面から支援を行うべきだと示唆されている。その一つは，多くの話し合いに参加したり発話したりする経験だと考えられる。なぜならば，発話数が少なかった 5 歳児は中期においてより多く発話したことに対して，後期では発話数が減少したからである。それは，中期では，話し合いの回数が多かったからではないかと考えられる。また，ソシオグラムの図を見ると，クラスの話し合いにおけるやり取りは一方的ではなく，相互的であることが見られた。保育者は，発話数が少なかった 5 歳児

を支援するために，積極的に話しかけたり，5歳児の間のやりとりを支援したりするだけではなかった。保育者が，発話数の少ない5歳児が自ら発話すること，他児が発話数の少ない5歳児の発話に耳を傾けるように支援すること，また，発話数の少ない5歳児が自ら保育者や他児に話しかけることを励むことの重要性が示唆された。

　一方で，具体的にソシオグラムの図を見ると，発話数の少ないマオ，ハルとユナは問題解決の話し合い場面において，より多くの他児とやりとりした。それに対して，ナナコは自由な話し合い場面において，より多くの他児とやりとりをした。問題解決の話し合いにおいて，当事者としての5歳児は他児から質問されたり，その質問を回答したり，また他児に否定されたりすることがあるため，宛先の量が多く，やり取りが盛んであるように見える原因の1つではないかと考えられる。しかし，自由な話し合いでは，自己主張はするが，他児を否定することなどが少なかった。自由な話し合いにおいて，ミホがユイに宛てている発話や，ナナコと他児のやりとりも事例を含めて検討する必要性が示唆された。

　本章は5歳児の発話数だけではなく，5歳児の発話の宛先の量や方向も含めて検討したため，5歳児がクラスの話し合いに参加する構造を明らかにすることができた。次章は問題解決の話し合い場面に着目して，5歳児の発話の宛先の変容や発話の内容や機能も検討する。

第3部 問題解決の話し合い場面における園児間の関わり

第5章　応答連鎖の時期的変容

　本章では，5歳児クラスの話し合い場面において，5歳児の応答連鎖の特徴及び変容を捉えるため，①応答の宛先と時期的変容，②応答の機能と時期的変容について検討する。

第1節　本章の目的

　本章では，5歳児クラスの問題解決の話し合いにおける5歳児の応答連鎖の特徴及びその変容を把握することを目的としている。

　第1に，「問題解決の話し合い」場面に着目し，クラス全員が特定の問題について，解決を目指す時の応答連鎖の特徴を分析する。

　第2に，5歳児の応答の長さや宛先の特徴とその変容を検討することにより，集団であるクラスの話し合い場面において，やりとりの構造や変容を把握する。

　第3に，微視的に5歳児の応答の機能に着目することで，応答の機能や応答間の関係を捉えることができると考えられる。先行研究では，3歳児のペアと4歳児のペアの遊び場面で記録された会話が分析され，発話機能の視点から「申し出」「要求」「陳述」「質問」という4つのカテゴリーに分類された。また，「陳述−返答−返答」という連鎖のみが発達的に増加していることが明らかになった（深田ら，1999）。本章では，先行研究と異なる場面や人数であったが，クラスの問題解決の話し合い場面において，5歳児の応答の機能の特徴を明らかにする。

第 2 節　方法

　対象クラスと対象児，観察の期間・場面，観察記録の作成方法などは，第
2 章第 1 節で述べた通りである。また，時期的な変容についても，第 2 章第
2 節で述べた通りである。5 歳児の発話連鎖の特徴，発話の機能や役割の検
討について，本章では以下の手順で行った。

①応答連鎖の定義

　山田先生の発話を「応答連鎖の開始」として，山田先生の 2 回目の発話の
前の 5 歳児の発話を「応答連鎖の終了」とする。そして，5 歳児による山田
先生の発話への応答から応答連鎖の特徴を検討する。

　まず，山田先生の発話の後に続く 5 歳児の応答量をカウントした。1 人の
応答を「1 応答」として，総応答量をカウントした。すなわち，1 応答，2
応答，3 応答…n 応答というカウントの仕方で応答量を算出した（表 5-1）。

表 5-1　応答連鎖と応答数の例

		応答連鎖	応答量
T C1	1234 1235	山田先生：　そうなんだけどね。今，曲がったような感 じの（周りを見て）もともと曲がっていう感じのを組むの？ ミホ：　（山田先生に向かって）そう！	1 応答
T C1 C2	1564 1565 1566	山田先生：　うん。それ，境界線で言うの。土の線，こ ち，じゃ，その上は何？土の上。 シロウ：　空。 ミホ：　ピーナッツ。	2 応答
T C1 C2 C3	1230 1231 1232 1233	山田先生：　あ〜最終的にはね。でも骨組み何かね ミホ：　そう！ レン：　糸とか，紐とか ミホ：　いいこと考えた！曲がったやつ組んだら？	3 応答

	...		...
T	1280　山田先生：　取りに行こうか？後聞いてみようか		
C1	1281　レン：　もっと言うとユイ泣いちゃうよ。		
C2	1282　リュウジ：　でも，ユイ多いんじゃ		
C3	1283　マオ：　いいの。		7応答
C4	1284　シロウ：　今はいいの。泣いちゃうだから		
C5	1285　ユイ：　リュウジ，何でそんな怒るの？		
C6	1286　レン：　そんな怒るの，必要はない。ち，けち！		
C7	1287　シロウ：　けち。（ちょっとリュウジの髪の毛を触って）		
	...		...
			n応答

②本章の研究対象とする「応答連鎖」の定義と抽出

　小学校教室談話において，教師の発話と児童の発話が連鎖し合い，一種の発話連鎖のパターン，すなわち「I（Initiation）教師のはたらきかけ」–「R（Reply）児童の応答」–「E（Evaluation）教師の評価」（Mehan, 1979）という独特なコミュニケーションの形の存在が明らかになっている。本研究も5歳児クラスの話し合いにおける発話連鎖のパターンを検討したい。しかし，本研究は5歳児たちが自由に発話できる話し合い場面を対象にしているため，挙手と指名によって進行する小学校教室談話と違って，保育者の指名なしに話し合いが進めることができる。さらに，保育者の評価を待つことなく，自由に他児と考えを交わすこともできる。そのため，5歳児クラスの話し合いにおける発話連鎖のパターンが必ずしも小学校教室談話で見られた「I」–「R」–「E」のパターンと同じなわけではないと考えられる。そこで，本章は小学校教室談話で見られたコミュニケーションの形との相違を考慮し，「I」–「R」–「E」という発話連鎖のパターンとどのような違いがあるかを検討しようとした。そのため，本章では，保育者の発話「I」の後に続く5歳児の応答「R」の連鎖を話し合いから抽出し，本章の事例とする。すなわち，

「T（保育者）→ C1（5 歳児）→ C2（別の 5 歳児）→…」のような応答連鎖を事例とする。例えば，本章の事例 5-2 では，「T（山田先生）→ C1（リュウジ）→ C2（ユナ）」という 3 つの発話が連鎖している「発話連鎖」はこのようにいくつかの連続する発話の集合である。また，発話順番を示すため，第 1 応答を「C1」，第 2 応答を「C2」…第 11 応答を「C11」にした（表 5-1）。計 889 発話連鎖が記録された。

③「応答」の回数の分析

　5 歳児の「応答連鎖」のあり方を検討するため，まず保育者の発話に対して，5 歳児が何回「応答」したかを計算した。すなわち，T（保育者）の後に，1 つの応答のみ（C1）が見られた場合は「1 応答」，2 つの応答が見られた場合は「2 応答」とし，①のように分類を行った。そして，時期によって，応答数の変化を検討した。

④「応答」の宛先の検討

　5 歳児の応答の宛先を分類するため，以下の手順を用いた。まず，宛先を示すことばのある応答であれば出現した名前に基づいて宛先を判断した。指名性のない応答の場合，まず応答の内容の関連から保育者に向けた発話であるか，あるいは自分の前に発話した発話者に向けた発話であるかを判断した。また，ビデオデータで 5 歳児と保育者の座る位置，身体の向き，動きや視線を参考にした。しかし，特定の 1 人に向けて応答していない場合もあったため，「特定の宛先なしの応答」という分類も含めたが，それらを分析から除外した。以上の分類方法によって，5 歳児の「応答」を「保育者に宛てている応答」，「自分の前に発話した 5 歳児に宛てている応答」，「自分の前に発話した 5 歳児以外の他児に宛てている応答」，「クラス全員に宛てている応答」という 4 種類の応答に分類した。また，「クラス全員に宛てている応答」の分類方法として，「みんな」「年長さん」などのように宛先が直接に示されて

いる発話以外に，まず発話の内容から判断を行った。その同時に，発話する時に立ち位置は全員に向けて，さらに，視線は特定の1人に向けていないという基準から「クラス全員に宛てている応答」であると判断した。

　しかし，C1は保育者に向けて応答することが多く（実際に，C1は山田先生に宛てている場合がとても多かった，具体的に，前期に75.00 %，中期に82.07 %，後期に77.71 %）。また，本研究は5歳児間の応答連鎖のあり方に着目しているため，保育者の発話とのつながりが強いと考えられるC1の応答を分析対象から除外した。すなわち，本研究はC2以降の「応答」を分析対象とし，5歳児の発話に対して，後続の5歳児はいかに応答するか，またその発話の宛先は誰に向いているかについて検討した。

⑤応答の宛先に基づく応答の機能の分析
　5歳児間の応答の機能に着目し，②の「応答」の宛先の検討に基づいて，5歳児間の「応答」の機能の変化も検討する。また，宛先によって発話機能が変わると考えられるため，本研究は宛先の分類に基づいて，5歳児の「応答」の機能の分類を行う。

　先行研究では，「提案」「命令・要求・禁止」「主張」「決断」「指示」などの発話機能のカテゴリーが検討されていた（柏，2004）。本章は先行研究の分類を参考とし，さらに5歳児の応答の機能をボトムアップで分類を行った。表5-2に示されたようにまとめた。

　表5-2のように，「保育者に宛てている応答」，「自分の前に発話した5歳児に宛てている応答」，「自分の直前に発話した5歳児以外の5歳児」，「クラス全員に宛てている応答」という4つの宛先に基づき，さらに5歳児の応答の機能を計23種類のカテゴリーに分類した。

　第1に，「保育者に宛てている応答」を，「山田先生の質問への回答」「山田先生への要求」「山田先生への提案」「前に発話した5歳児への同調」「前に発話した5歳児への補足」という5種類のカテゴリーに分類した。

表 5-2　5歳児の発話の宛先別の発話機能

宛先	応答の機能	定義	例
山田先生	山田先生の質問への回答	山田先生に向かって、山田先生の質問に回答をする	山田先生：　うん。それ，境界線で言うの。土の線，こち，じゃ，その上は何？土の上。 シロウ：　空。 ミホ：　ピーナッツ。
	山田先生への要求	山田先生に向かって、山田先生に自分の要求を言う	山田先生：　どうやって鳥籠が作れると思う？ （何個の枝を拾って，やってみている） ミホ：　あ！分かった！あのね！ シロウ：　山田先生，ここ，折って，ここ。
	山田先生への提案	山田先生に向かって、山田先生の発話に提案を言う	山田先生：　あ〜最終的にはね。でも骨組み何かね ミホ：　そう！ レン：　糸とか，紐とか ミホ：　いいこと考えた！曲がったやつ組んだら？
	前に発話した5歳児への同調	山田先生に向かって、前に発話した5歳児の発話に同調する	山田先生：そうそう。だから，拾ってください！ シロウ：上にやった方が楽だよ。 リュウジ：そうだよ。
	前に発話した5歳児への補足	山田先生に向かって、前に発話した5歳児の発話に補足をする	山田先生：あ！そういう意味だね。 レン：もうちょっと，もうちょっと。 マオ：塩。
	前に発話した5歳児への同調	前に発話した5歳児に向かって、その5歳児の発話に同調する	山田先生：　ここどうしたらいいかな？ね，みんな聞いて，みんな考えて。あのさ，「少年たちの賢い星を守っていこう」か「心に刻んでいこう」か，どっちのほうがいい？ レン：「刻んだ」ほうがいい。 ユイ：　刻んだ。

104 第3部 問題解決の話し合い場面における園児間の関わり

自分の直前に発話した5歳児	前に発話した5歳児への補足	前に発話した5歳児に向かって，その5歳児の発話に補足する	山田先生：　タオルで拭く？ シロウ：　それが石をタオルにふいて。 ハル：　それが，タオルをどこかに敷いて，その上で。
	前に発話した5歳児への質問	前に発話した5歳児に向かって，その5歳児に質問をする	山田先生：運動会の夢で怖い夢，どのような夢？ レン：何かお客さんが，みんな〜何か。 ミホ：お化け？
	前に発話した5歳児の質問への回答	前に発話した5歳児に向かって，その5歳児の質問に回答する	山田先生：塗らなかったの，ほら〜塗らなかった。 ユイ：この豆，誰の？ ミホ：知らない，知らない。
	前に発話した5歳児への否定	前に発話した5歳児に向かって，その5歳児の発話を否定する	山田先生：食べてから行く時間がちょっと，昼休みには出せないから。 レン：先に行って。 シロウ：行きたくない！行きたくない！
	前に発話した5歳児への要求	前に発話した5歳児に向かって，その5歳児に自分の要求を言う	山田先生：じゃ，いいよ。君たちはご飯食べないだったらいいよ。ほっとくよ，そのまま遊んでていいよ，どうぞ。 マオ：嫌だ！山田先生，嫌だ。 ユイ：いいから早くして。
他児	他児への質問	他児に向かって，その5歳児に質問をする	山田先生：　取りに行こうか？後聞いてみようか レン：　もっと言うとユイ泣いちゃうよ。 リュウジ：　でも，ユイ多いんじゃ マオ：　いいの。 シロウ：　今はいいの。泣いちゃうだから ユイ：　リュウジ，何でそんな怒るの？ レン：　そんな怒るの，必要はない。ち，けち！ シロウ：　けち。(ちょっとリュウジの髪の毛を触って)
	他児への回答	他児に向かって，その5歳児の質問	山田先生：　そう！面白いんだけど シロウ：　えっ？前読んだことある。「雪

自分の直前に発話した5歳児以外の5歳児		を回答する	男」から （中略） ミホ：　そうなの？ （中略） リュウジ：　<u>あっ！そっか！</u>
	他児への提案	他児に向かって，その5歳児に提案をする	山田先生：　マオはね，昨日お腹の調子悪かったから，ちょっと様子を見てみよう。 ナナコ：　冷たいものじゃダメだね。 レン：　<u>これ，とっていいよ。</u>
	他児への否定	他児に向かって，その5歳児の発話を否定する	山田先生：　取りに行こうか？後聞いてみようか レン：　もっと言うとユイ泣いちゃうよ。 リュウジ：　でも，ユイ多いんじゃ マオ：　いいの。 シロウ：　今はいいの。泣いちゃうだから ユイ：　リュウジ，何でそんな怒るの？ レン：　<u>そんな怒るの，必要はない。ち，けち！</u> シロウ：　けち。（ちょっとリュウジの髪の毛を触って）
	他児への要求	他児に向かって，その5歳児に要求をする	山田先生：　ね，聞いてる。 ミホ：　ね，時間がなくなるから，みんなパッと聞いて。 ハル：　マオも。山田先生が言ったらパッと集まって。
クラス全員	山田先生の質問への回答	クラス全員に向かって，山田先生の質問に回答する	山田先生：　ご本がいい？ レン：　うん。ご本がいい。 ハル：　<u>外がいい</u> リュウジ：　外よりご本がいい
	山田先生への提案	クラス全員に向かって，山田先生に提案をする	山田先生：　うん。 シロウ：　そういうのを，探して ミホ：　分かった！ シロウ：　あの，それで周りで，ぐるぐる回っていくと，

前に発話した5歳児の同調	クラス全員に向かって，前に発話した5歳児の発話を同調する	山田先生：　もうちょっとずれると違うよね。 ミホ：　ハヤトの ハル：　ハヤトのところに
前に発話した5歳児への補足	クラス全員に向かって，前に発話した5歳児の発話を補足する	山田先生：　待って，あっち行くの？ ミホ：　あっちに行くと レン：　もっと寒くなるよ。 ミホ：　ちょっとこっちぐらいに（日が当たる道路側を指して）
前に発話した5歳児への否定	クラス全員に向かって，前に発話した5歳児の発話を否定する	山田先生：　ご本がいい？ レン：　うん。ご本がいい。 ハル：　外がいい リュウジ：　外よりご本がいい
全員への質問	クラス全員に向かって，クラス全員に質問をする	山田先生：　神官は，あの，後で出てくる。ただね，そこね，全部表現できるかどうか，みんなで考えよう。ある程度の劇の流れを作る リュウジ：　なんか，棒にさ，星につけてさ，侍女のあれを作ってさ（棒を持ってる様子を表現） レン：　誰が侍女やるの？
全員への提案	クラス全員に向かって，クラス全員に提案をする	山田先生：じゃさ，絵を描くのは，今日ゆっくり絵を描こう。ご飯食べたあと。 リュウジ：いいよ。 マオ：じゃ餌今日やったらいいじゃん。

　第2に，「自分の前に発話した5歳児に宛てている応答」を，「前に発話した5歳児への同調」「前に発話した5歳児への補足」「前に発話した5歳児への質問」「前に発話した5歳児への回答」「前に発話した5歳児への否定」「前に発話した5歳児への要求」という6種類のカテゴリーに分類した。

　第3に，「自分の直前に発話した5歳児以外の5歳児に宛てている応答」を，「自分の直前に発話した5歳児以外の5歳児への質問」「自分の直前に発

話した5歳児以外の5歳児への回答」「自分の直前に発話した5歳児以外の5歳児への提案」「自分の直前に発話した5歳児以外の5歳児への否定」「自分の直前に発話した5歳児以外の5歳児への要求」という5種類のカテゴリーに分類した。

　第4に，「クラス全員に宛てている応答」を「山田先生の質問への回答」「山田先生への提案」「前に発話した5歳児への同調」「前に発話した5歳児への補足」「前に発話した5歳児への否定」「全員への質問」「全員への提案」という7種類のカテゴリーに分類した。

第3節　応答連鎖の長さと量の時期的変容

　本研究は前期，中期，後期において，「T→C」のよう，山田先生の発話に続いた応答連鎖「C1→C2→…→Cn」は1応答の応答連鎖「T→C1」から，11応答の応答連鎖「C1→C2→…→C11」まで観察された。また，本研究は1人の5歳児が応答する応答連鎖「T→C1」を除外し，「T→C1→C2」のよう応答数は2応答以上の応答連鎖を算出した。時期による応答連鎖数の変容を表5-3に示した。

　前期では，最少で2応答，最大で3応答が見られて，計3応答連鎖であった。中期で，4応答から7応答の応答連鎖も出現し，計104応答連鎖が観察された。後期になると，さらに11応答の事例も見られて，計32応答連鎖であった。つまり，時期が進むにつれて，保育者の一回の発話に対して，より多くの5歳児が積極的に応答するような姿が見られた。

　しかし，表面的に山田先生の発話に続いた5歳児の応答が山田先生に宛てているように見えるが，以下は実際の発話内容や視線などの情報を含め，発話の宛先およびその変化を検討する。

表 5-3　時期別応答数による応答連鎖の数（比率%）

応答数	2	3	4	5	6	7	11	計
前期	1 (33.33)	2 (66.67)	0 (0)	0 (0)	0 (0)	0 (0)	0 (0)	3 (100)
中期	69 (66.35)	23 (22.12)	7 (6.73)	3 (2.86)	1 (0.96)	1 (0.96)	0 (0)	104 (100)
後期	16 (50.00)	10 (31.25)	3 (9.38)	0 (0)	1 (3.13)	0 (0)	2 (6.25)	32 (100)

第4節　5歳児の応答の宛先の時期的変容

　本節は保育者の発話に続いた5歳児の応答の宛先について検討を行う。具体的に，5歳児の応答は保育者を宛先にしているか，あるいはほかの5歳児を宛先にしているかを検討し，多声環境であるクラスの話し合いにおける応答の構造をより明確に捉えることを試みる。この検討から，5歳児と保育者の2者会話関係だけではなく，クラスの話し合いにおいて，5歳児間の3者以上の会話関係の存在や，3者以上の会話関係の実態，さらにその時期的な変化を明らかにする。そのため，本節は5歳児の「C2」以降の応答の宛先を分析し，さらに時期的な変化を検討した。なお，前期の事例数が少ないのは，第3章第3節と第5節にも述べたように，本研究で記録された話し合いの場面数は期によって異なるからである。前期は問題解決の話し合い場面は3場面で少なく，中期に19場面で，後期には8場面であった。中期から話し合いの数が大きい原因として，保育所の行事（オペラと絵の展示など）の準備が多くて，話し合い場面がより多く記録された。そのため，話し合い場面の数にも影響され，本章での事例数にも大きい差が見られた。

　時期による宛先の変化から見ると，表5-4のように，山田先生に向けた応答の割合は時期を追うことに減少し続けたことが見られた（前期に 80.00 %，

表 5-4　時期別宛先による応答数＊（C2 から）＊（比率%）

宛先	前期	中期	後期
山田先生	4　（80.00）	94　（61.84）	28　（40.58）
自分の直前に 発話した他児	1　（20.00）	26　（17.11）	23　（33.34）
自分の直前に発話した 5 歳児以外の 5 歳児	0　（0）	12　（7.89）	8　（11.59）
クラス全員	0　（0）	20　（13.16）	10　（14.49）
計	5　（100）	152　（100）	69　（100）

中期に 61.84 %，後期に 40.58 %）。それに対して，他児に宛てている応答は前期から後期にかけて増加し続けた（宛先のカテゴリー「前に発話した他児」と「自分の直前に発話した 5 歳児以外の 5 歳児」に合わせた計算し，前期に 20.00 %，中期に 25.00 %，後期に 44.93 %）。また，クラス全員に宛てている応答は中期に出現し，後期でも同じ程度を維持した（中期に 13.16 %，後期に 14.49 %）。

　つまり，応答数が少なかった前期においても，山田先生ではなく，他児に宛てている発話が見られた。また，応答数が多くなった中期では，山田先生に宛てている応答が 6 割以上占めている中，クラス全員という新しい宛先も出現した。それは，山田先生や特定の他児との 2 者の会話関係から，3 者以上の集団的な会話関係への芽生えだと考えられる。また，後期になると，山田先生より，他児に宛てている応答が多く見られた。

　すなわち，表面的に 5 歳児のすべての応答は山田先生へ向けているように見えたが，実際に 5 歳児の一つ一つの応答を検討してみると，宛先はすべて山田先生に宛てているわけではなかった。5 歳児は自由発言できるクラスの話し合いにおいて，山田先生が話し合いに参加していても，他児やクラス全員に宛てている発話が多数見られた（図 5-1）。

　図 5-1 に示されているように，前期では，5 歳児の応答は C2 までなので，C2 の宛先を見ると，発話は「山田先生」と「前に発話した 5 歳児」に向い

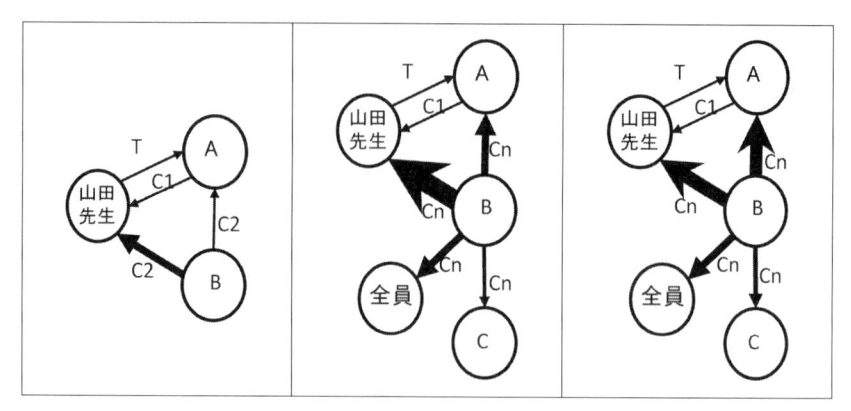

図5-1　前期（左），中期（中）と後期（右）における5歳児の応答（C2〜Cn）の
　　　　変容

ている。また，矢印の太さは応答の量を表している。すなわち，前期におい
て，「前に発話した5歳児」より，「山田先生」に宛てている応答が多く見ら
れた。

　中期になると，宛先は「山田先生」と「前に発話した5歳児」のみではな
く，「自分の直前に発話した5歳児以外の5歳児」と「クラス全員」も出現
した。その中で，「山田先生」に一番多く宛てていた以外，「前に発話した5
歳児」に宛てている応答が「クラス全員」より多かった。続いて，「自分の
直前に発話した5歳児以外の5歳児」に宛てている応答がより少なかった。

　後期になると，宛先は中期と同じであるが，応答の量が変化した。山田先
生に宛てている応答が同じく一番多かったが，前に発話した5歳児への応答
の差が大幅に縮んだ。また，自分の直前に発話した5歳児以外の5歳児に宛
てている応答も増加した。

　つまり，5歳児のC2からの発話の宛先を検討した結果，まず，5歳児の
発話の宛先の量が中期から増加し，山田先生と自分の直前に発話した5歳児
に向かっているだけではなく，自分の直前に発話した5歳児以外の他児とク
ラス全員に向かっている発話も見られた。

　そして，時期とともに，山田先生に向かっている発話の割合が減少し続けている。それに対して，他の3つの宛先（自分の直前に発話した5歳児，自分の直前に発話した5歳児以外の他児とクラス全員）に向かっている発話が増加し続けている。

　すなわち，小学校の教室談話で見られている「I」–「R」–「E」という発話連鎖のパターンと違って，5歳児クラスの話し合いにおいて，山田先生がすぐに5歳児の応答に対して評価（「E」）をするのではなく，5歳児たちが山田先生だけではなく，他児とクラス全員に向かって応答する発話連鎖が見られた。

　また，5歳児が「クラス全員」に向かっている発話は，クラスの話し合いにおける「集団性」の意識の芽生えも示唆されている。

　しかし，宛先の変容とともに，5歳児の発話の機能も変化しいくのかはまだ不明瞭のため，以下の第5節で検討を試みる。

第5節　応答の機能のカテゴリーの時期的変容

　5歳児の応答の宛先のみを見ると，話し合いに参加する構造をより明確にすることができたが，具体的に5歳児は山田先生や他児に何を話したかに関する検討も必要だと考えられる。そのため，本節は5歳児の応答の機能をカテゴライズした。

　応答の機能をカテゴライズするため，先行研究で見られた「質問」「回答」「要求」「提案」「同調」「補足」「否定」という分類を参考した。そして，応答の宛先と応答の機能を合わせて，5歳児の応答をボトムアップで分類を行った。　そして，著者と同じ大学院での教育心理学を専門とする院生と独立で評定し，一致率は80.8％であった。結果は表5-5にまとめた。

表5-5　5歳児の応答の宛先と機能による時期別応答数（比率%）

宛先	応答の機能	前期	中期	後期
山田先生	山田先生の質問への回答	3（60.00%）	33（21.00%）	8（11.76%）
	山田先生への要求	0（0.00%）	12（8.00%）	8（11.76%）
	山田先生への提案	0（0.00%）	2（1.33%）	0（0.00%）
	前に発話した5歳児の同調	1（20.00%）	28（18.67%）	7（10.29%）
	前に発話した5歳児への補足	0（0.00%）	16（10.67%）	3（4.41%）
自分の直前に発話した5歳児	前に発話した5歳児への同調	0（0.00%）	2（1.33%）	2（2.94%）
	前に発話した5歳児への補足	0（0.00%）	2（1.33%）	0（0.00%）
	前に発話した5歳児への質問	0（0.00%）	6（4.00%）	8（11.76%）
	前に発話した5歳児の質問への回答	0（0.00%）	1（0.67%）	4（5.88%）
	前に発話した5歳児への否定	0（0.00%）	12（8.00%）	11（16.17%）
	前に発話した5歳児への要求	1（20.00%）	3（2.00%）	0（0.00%）
自分の直前に発話した5歳児以外の5歳児	他児への質問	0（0.00%）	1（0.67%）	0（0.00%）
	他児への回答	0（0.00%）	0（0.00%）	1（1.47%）
	他児への提案	0（0.00%）	1（0.67%）	2（2.94%）
	他児への否定	0（0.00%）	4（2.67%）	2（2.94%）
	他児への要求	0（0.00%）	6（4.00%）	0（0.00%）
クラス全員	山田先生への回答	0（0.00%）	1（0.67%）	2（2.94%）
	山田先生への提案	0（0.00%）	2（1.33%）	0（0.00%）
	前に発話した5歳児の同調	0（0.00%）	4（2.67%）	1（1.47%）
	前に発話した5歳児への補足	0（0.00%）	6（4.00%）	0（0.00%）
	前に発話した5歳児への否定	0（0.00%）	2（1.33%）	3（4.41%）
	全員への質問	0（0.00%）	3（2.00%）	1（1.47%）
	全員への提案	0（0.00%）	3（2.00%）	3（4.41%）
計		5（100%）	150（100%）	68（100%）

1.　全体的な応答の機能のカテゴリーの変容

　表5-5のように，前期では3つのカテゴリーが見られた。具体的に，山田先生に宛てている発話では，「山田先生の質問への回答」と「前に発話した5歳児の同調」というカテゴリーが見られた。また，自分の前に発話した5歳児に対する「要求」が見られた。

　中期では，計22種類のカテゴリーが見られた。山田先生，前に発話した5歳児，自分の直前に発話した5歳児以外の5歳児とクラス全員に宛てている応答が見られた。具体的に，山田先生に宛てている応答が一番多かった。その中にもまた，「山田先生の質問への回答（21.00 %）」と「前に発話した5歳児の同調（18.67 %）」という2つのカテゴリーが一番多く見られた。それに続き，「前に発話した5歳児への補足（10.67 %）」，「保育者への要求（8.00 %）」も多く見られた。また，前に発話した5歳児に宛てている応答の中，「前に発話した5歳児への否定（8.00 %）」が多く見られた。

　後期では，計16種類のカテゴリーが見られた。山田先生に宛てている応答の中，「山田先生の質問への回答（10.29 %）」「保育者への要求（11.76 %）」「前に発話した5歳児の同調（10.29 %）」という3つのカテゴリーが多く見られた。また，自分の前に発話した5歳児に宛てている応答の中，「前に発話した5歳児への否定（16.17 %）」，「前に発話した5歳児への質問（11.67 %）」という2つのカテゴリーが多く見られた。

2.　宛先別に時期的な変容

　「山田先生」に宛てている5歳児の応答は，その内容を詳細に見てみると，必ずしも山田先生の直前の発話への直接の応答ではなかった。それは，山田先生に直接に応答した場合，前に発話した5歳児との応答の関係が薄く，けれども，前期からも，前に発話した5歳児の同調が見られて，中期には，「同調」と「補足」が見られた。後期にさらに，保育者に対する直接な応答

のカテゴリーが減少し，前に発話した 5 歳児と関連する応答が見られた。保育者に宛てている応答であっても，実際に応答の機能は前に発話した 5 歳児に影響を受けることは前期の「前に発話した 5 歳児の同調」というカテゴリーから見られた。また，中期や後期になると，前に発話した 5 歳児への「補足」のように，前に発話した 5 歳児と異なる機能での応答が見られた。

　「自分の前に発話した 5 歳児に宛てている応答」について，前期には「要求」が見られたが，中期では 5 つのカテゴリーが出現し，「否定」（8.00 ％）や「質問」（4.00 ％）がより多く見られた。後期になると，カテゴリーが 4 つに減少したが，比率が中期と比べると大幅に増加した。特に中期でもより多く見られた「否定」（16.17 ％）や「質問」（11.76 ％）が後期ではさらに増加した。つまり，前に発話した 5 歳児への「質問」「回答」「否定」の増加は，5 歳児間のやりとりの形を説明出来る。問題解決をするため，5 歳児たちはお互いに質問をしたり，答えたり，否定や肯定したりすることによって，話し合いを進めている姿が見られた。

　「自分の直前に発話した 5 歳児以外の 5 歳児に宛てている応答」について，中期から出現し，4 つのカテゴリーが見られた。その中には，「否定」（2.67 ％）や「要求」（4.00 ％）がより多く見られた。後期になると，3 つのカテゴリーが見られたが，カテゴリーも変容した。「質問」と「要求」がなくなり，代わりに「回答」が出現した。「他児に宛てている応答」は 5 歳児が非当事者としている時によく見られた応答であり，前に発話した 5 歳児ではなく，非当事者として，当事者の 5 歳児に働きかけている姿である（例えば第 6 節事例 5-4）。

　「クラス全員に宛てている応答」について，前期には見られなかったが，中期に 7 つのカテゴリーが見られた。「前に発話した 5 歳児の同調」や「前に発話した 5 歳児への補足」がより多く見られた（2.67 ％と 4.00 ％）。後期になると，カテゴリー数が 5 つに減少し，カテゴリーの変容も見られた。「保育者への提案」「前に発話した 5 歳児への補足」がなくなった。中期と異

なって，「前に発話した5歳児への否定」と「全員への提案」がより多く見られた。また，後期に発話数が減少したにもかかわらず，クラス全員に対する応答は多く見られたということを留意すると，中期から，全員に対する応答の機能が多様になり，話し合いをしているクラスという集団の意識が見られた。

3.　本節のまとめ

　時期とともに，図5-1に示されているような宛先の変容だけではなく，5歳児が具体的に何を応答し，その応答がどのような機能を果たしたかも変化したことも明らかにした。

　全体的に，「保育者の質問への回答」と保育者への「要求」や，前に発話した5歳児に対する「同調」「補足」「質問」「否定」が多く見られた。

　前期では，山田先生への回答や他児に対する同調や要求が見られた。すなわち，5歳児は山田先生のみではなく，他児に対して一方的にかかわろうとしたことが，お互いにやりとりする応答の機能は見られなかった。

　中期では，すべての宛先に対する応答のカテゴリーが多様になった。山田先生に宛てている応答の中にも，前に発話した5歳児の応答の機能と関連している応答の機能（「同調」や「補足」）が多く見られた。さらに，宛先が直接に他児やクラス全員に変化していたことも確認できた。また，前期で見られた他児に対して一方的なかかわり以外，中期では5歳児の間の「質問」「回答」「否定」も見られた。すなわち，5歳児の宛先が変容したのみではなく，実際に同じ宛先に対する応答の機能も変化した。5歳児の応答は単一の機能を果たしたのではなく，中期では多様な機能を果たした。また，異なる時期において用いられた機能の間では，変化が見られた。そのような変化から，5歳児の間の応答の関係が相互的になってきたことが推察できる。

　また，後期になると，発話数は中期より少なくなり，発話機能のカテゴリーの種類が中期と比べて減少した。しかし，前に発話した5歳児の応答と

関連している応答の機能が多数見られて，さらに中期よりも「質問」「回答」
「否定」など5歳児間のやりとりを代表するカテゴリーが増加した。つまり，
後期では，カテゴリー数が減少したにもかかわらず，5歳児の応答に対して
相互的に関わる応答が多く見られた。

　つまり，宛先の変容に伴い，発話の機能の変容も見られた。5歳児のC2
からの応答は，山田先生の発話に応答するだけではなく，自分の直前に発話
した5歳児に対する発話内容も多く見られた。

第6節　応答の宛先の時期的変容の事例分析

　本節は具体的な事例を含めて，5歳児の応答連鎖において，5歳児は何を
応答したか，その応答の機能と宛先の関係をさらに具体的に検討する。

　本研究の第6章では，問題解決の話し合いにおける5歳児の役割を検討す
るために，問題解決の話し合いを「クラスの問題」，「個と個の問題」，「個人
とクラスの問題」と分類している。そこで，本節では，第1に「クラスの問
題」として，5歳児全員が「当事者」という立場で問題を解決していく事例
を検討する。第2に「個と個の問題」の事例を挙げて，「当事者」の5歳児
と「非当事者」の5歳児が同時に話し合うことの分析によって，5歳児の応
答を検討する。第3に，時期的変容を検討するために，前期，中期と後期の
事例を挙げて分析を行う。

　さらに，5歳児の応答の宛先だけではなく，応答の機能も含めて，検討し
ていく。

1. 「クラスの問題」の場面の事例分析

　「クラスの問題」の話し合い場面というのは，お昼の当番や劇の役分担な
ど，クラス全員が当事者であり，一緒に問題を解決していく場面である。

a　事例 5-1

　事例 5-1 では，外で遊んだ後，保育所に戻り，みんなが絵本コーナーで絵本を読み始めている。しかし，お昼ご飯を用意する時間になっても，誰も当番を始めなかった。そして，山田先生は 5 歳児クラス全員に声をかけて，話し合いを始めた。そして，マオは山田先生の発話に自分の気持ちを言い出した後，ユイはマオに対して，「いいから早くして」という要求を言い出した。そして，マオとユイの応答に続き，シロウとレンも当番を始めた。全員の決定に不満を持つユナに対しても，シロウが話しかけた。

事例 5-1　「今日当番をやる？」　前期　クラスの問題		
外で遊んだ後，5 歳児クラスの全員が保育所に戻ってきた。少し疲れているようで，全員が絵本コーナーに行って，好きな絵本を読み始めた。少し時間が経つと，昼食の時間になってきた。しかし，誰も昼食の当番や布団当番を始めようとしなかった。その様子を見た山田先生は，絵本コーナーに行って，絵本を好き放題に読んでいる 5 歳児たちに声をかけ始めた。		
T C1 C2	19　山田先生：（全員に向かって）ね，年長さん，今は絵本読んでいる時間なの？ （全員絵本コーナーから自分のところに移動する。） 20　山田先生：（全員に向かって）じゃ，いいよ。君たちはご飯食べないだったらいいよ。ほっとくよ，そのまま遊んでていいよ，どうぞ。 21　マオ：<u>（山田先生に向かって）嫌だ！山田先生，嫌だ。</u> 22　ユイ：（マオに向かって）いいから早くして （シロウ，レンは自分の当番の図を見て，自分の当番のところに行った。） 23　ユナ：（山田先生に向かって）だってアザミさん… 24　シロウ：（ユナに向かって）ご飯の準備しようよ。 （言いがならユナを連れて準備に行った） （後略）	5-1-1 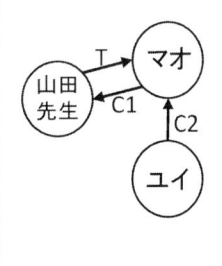

考察：

　事例5-1では，山田先生がクラス全員に対して，今日の当番について声か
けをした（T）。そして，その発話にマオはすぐに自分の素直な反応を示した
（C1）。しかし，山田先生の声かけの本当の意味を理解していなかったマオに
対して，ユイはさらにマオに「いいから早くして」と声かけをし（C2），す
なわち，ユイは山田先生に応答するより，早く当番を始めようということを
マオに伝えようとしている。

　この5-1-1の発話連鎖は，ユイが自分の直前に発話したマオに向かって発
話をしたから，連鎖が長くなり，そして，マオの行動を促す機能も果たして
いる。

b　事例5-2

　事例5-2は，保育所内で発生した事例ではなく，外で散歩をしているとき
に，発生した事例である。その時，5歳児たちは予定している劇の行事につ
いて色々と歌を歌ったり，役割を話し合ったり，道具などを探したりしてい
た。そして，山田先生は，劇で使う鳥籠をどのように作るのかについて5歳
児たちと一緒に話し始めた。しかし，すぐに籠を作ることに関連する発話を
する5歳児もいたが，人数が少なかった。そして，話し合いの進むにつれて，
より多くの5歳児が話し合いに参加し，一緒に籠を作るために自分の考えを
言い出した。

事例5-2　「どうやって籠を作ろうか？」　中期　クラスの問題

　天気がいいので，今日の午前中では，保育園の全てのクラスが交代で外に散歩へ
出ている。5歳児クラスはグラウンドの鉄棒のところで少し遊び，先月の運動会で
のことを思い出しながら楽しく話し合っていた。そして，鉄棒の近くの，高い木が
何本か生えている道にたどり着き，みんながこれからやる「魔法の笛」という劇の
ことを思い出して，その劇に出てくる歌を何人が歌い始めた。山田先生も5歳児た
ちと一緒に歌ったり，劇のことについて話したりしていた。

　そして，路上で木の枝や葉っぱなどを拾い，みんなが劇の道具や弓などを作りながら色々話し始めた。

	（前略） 1170　山田先生：（リュウジに向かって）あ～すごい！	
T	何つけるの？ゆみ？でも，それは重いもんね。（そして全員に向かって）何かうまく籠が作れないかな？（枝を捜している様子）	5-2-1
C1	1171　リュウジ：（山田先生に向かって）<u>籠</u>	
C2	1172　ユナ：（山田先生に向かって）ユナちゃん，<u>これで弓作る！</u>	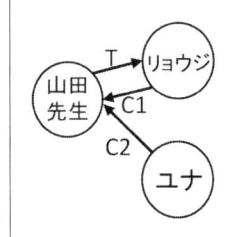
	1173　山田先生：（ユナに向かって）うん？	
	1174　ユナ：（全員に向かって）ちょっと折れてるから弓に見える（言いながら山田先生から離れ，ナナコとマオの方に向かう）	
	1175　山田先生：（全員に向かって）どうやって鳥籠が作れると思う？（何個の枝を拾って，鳥籠をやろうとしている）	
	1176　ミホ：（山田先生に向かって）あ！分かった！あのね！（言いながら山田先生に接近する）	
	1177　シロウ：（山田先生に枝を渡そうとしている）山田先生，ここ，折って，ここ。	
T	1178　山田先生：（シロウに向かって）頑張って折ってみて。	
C1	1179　ミホ：（山田先生に向かって）<u>こうやって，こうやって，籠</u>	5-2-2
	（レンとユイは自分の枝を拾おうとしている。そしてミホ，ハルとマオが山田先生のすぐそばに立つように山田先生に近づき，山田先生は子どもたちと話しながら籠を作ろうとしている。）	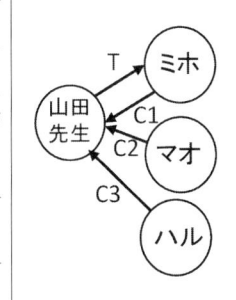
C2	1180　マオ：（山田先生に向かって）<u>でもさ，でも，籠まだいらなかった。</u>	
C3	1181　ハル：（山田先生に向かって）<u>作ったことあるよ。うちで。</u>	
	1182　山田先生：（全員に向かって）え～～	
	1183　ハル：（山田先生に向かって）先生が作ってた	

	のを見てた。	
	1184　山田先生：（全員に向かって）こういうのか，何かさ（枝を片手で持っている）	
	1185　ハル：（山田先生に向かって，山田先生が握っている枝を指で指し）こういうので，うちが，こち側も（山田先生の片手で握っていない方向で円状を描いて）	
	1186　山田先生：（全員に向かって）ね，横とかさ。蔓（つる）みたいのがあったら	
	（リュウジもシロウは山田先生とハルの間に立ち，山田先生に応答しようとしている。）	
	（中略）	
	1211　山田先生：（ミホとハルが拾ってくれた枝をもらい，幾つかの枝を絡めてみて，全員に見せながら）こうやってさ，籠っぽくなってきたよね。	
	1212　ユイ：（山田先生のそばにたち，山田先生に向かって）これ籠？	
	1213　山田先生：（ユイに向かって）そう！でも分からない，あ！落ちちゃう。	
	1214　ミホ：（山田先生に向かって）間に。	
T	<u>1215　山田先生：（全員に向かって）こうやって，どんどん絡めていったら，絡まってきたよ。鳥の巣になってきたけど，はは〜（笑う）でも，それもいいかも</u>	5-2-3
C1	<u>1216　ユイ：（山田先生に向かって）これで大丈夫なの？</u>	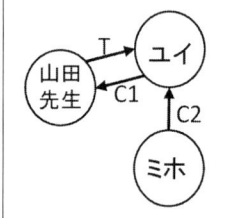
	1217　ミホ：（ユイに向かって）どんどん絡めて行くから	
C2	1218　山田先生：（全員に向かって）うん。いっぱい，いっぱい持って来て。	
	1219　ユイ：（山田先生に向かって）はい！	
	1220　ミ ホ：（山田先生に向かって）ここに挿す，あ，落ちちゃう	
	（後略）	

考察：

事例 5-2 では，長い話し合い場面の一部である。それに，いくつかの応答連鎖が含まれていた。

5-2-1 の応答連鎖では，山田先生が「籠」を作るために提案をした（T）後，リュウジは山田先生に宛てて，「籠」とリヴォイシングし（C1），よく理解していなかったような様子であった。そして，ユナはリュウジの後に応答した（C2）。しかし，ユナの応答の機能はリュウジの応答と直接に関係なく，山田先生の発話への応答でもなく，「籠を作る」ということから，「弓作る」という自分の発想を言い出した。

この発話連鎖では，リュウジとユナも，山田先生の発話に積極的に応答しようとしているため，連鎖が長くなっている。しかし，リュウジとユナの発話では，直接の関連が見られなかった。

5-2-2 の応答連鎖では，応答数が 5-2-1 の応答連鎖より，発話が 1 つ多くなっていた。具体的に見ると，山田先生がシロウに対して発話した（T）後，ミホは続いて「籠」の作り方に関して提案をした（C1）。しかし，山田先生とミホの応答に対して，マオは自分の意見，「籠まだいらなかった」を言った（C2）。ハルもまた，マオの応答に続いても，山田先生に自分の経験を言い出した（C3）。

この発話連鎖もまた 5-2-1 と同じ，ミホとマオとハルが山田先生の発話に積極的に応答しようとしているため，連鎖が長くなっている。しかし，3 人の応答も山田先生が提起した問題である「籠を作る」に関連していて，内容も籠の作り方，籠に対する意見，籠を作る経験などが見られ，発話連鎖 5-2-1 より内容が豊富である。

5-2-3 の応答連鎖では，山田先生は自分が考えている籠の作り方を実際に枝などで作りながら言葉で表現していた。そして，山田先生は自分の感想も全員に言い出した（T）。しかし，山田先生の籠の作り方に対して，ユイは「これで大丈夫なの？」と山田先生に疑問を言い出した（C1）。その後，ミホ

はユイの疑問に対して，「どんどん絡めて行くから」と応答し，山田先生の作り方に賛同の意見を言い出した（C2）。

　この応答連鎖5-2-3は，前の5-2-1と5-2-2とも違って，5歳児（ミホ）の宛先が山田先生に向かっているではなく，自分の直前に発話した5歳児（ユイ）に向かっていたことが見られた。それに，5-2-3の応答連鎖の応答数が，5-2-2の応答連鎖より少なかったが，発話連鎖の関係性が異なって，5-2-2より複雑であることを示唆されている。

c　事例5-3

　事例5-3では，お昼を用意する時間になったが，なかなか当番を自力で始まらない5歳児に対して，山田先生はクラス全員に声をかけた。そして，ご飯当番について話し合いを始めた。その中で，特にミホとハルは昨日の当番について，覚えていなかったため，今日の当番を決めるのがさらに難しくなった。

事例5-3　「今日の当番は誰だろう？」　後期　クラスの問題	
プレイグラウンドで遊んだ後，みんな一緒に片付けて，自分の上着や縄跳びを持って保育所に帰ろうとしていた。その時，山田先生が大きい声で全員に声をかけて，今日のご飯当番や他の当番を確認し始めた。その時に，ナナコとユイは山田先生のそばに立ち，他の幼児は山田先生と少し離れていた場所に立っていた。	
	2539　山田先生：（全員に向かって）今日のご飯当番は誰になる？ （山田先生の呼びかけを聞き，みんなが山田先生へ近づいていく。） 2540　ミホ：（山田先生に近づき，山田先生に向かって）昨日は，ミホとハル 2541　ハル：（山田先生から少し遠く離れていた場所から山田先生に向かって走ってきて，そして山田先生に向かって）ねね，山田先生，
T	2542　山田先生：（ミホとハルに向かって）ミッチとハルとユイが，昨日やってくれた？

C1	2543　ミホ：　（山田先生に向かって）それが分からなかったから	5-3-1
C2	2544　ハル：　（山田先生に向かって）昨日，確かに，餌あげた昨日	
C3	2545　ミホ：　（ハルに向かって）餌？	
T	2546　山田先生：　（ハルとミホに向かって）そうなの？	
C1	2547　ハル：　（山田先生に向かって）そう	
C2	2548　ミホ：　（山田先生とハルに向かって）ミッチ，おやつもお昼もご飯当番やってた（指で当番を数えて）	5-3-2
C3	2549　ハル：　（驚きの表情で，ミホを見て）えっ？うちお昼やってた。おやつも？	
C4	2550　ミホ：　（ハルに向かって）おやつもやってたよ	
	2551　山田先生：　（全員に向かって）まあ〜分かった。昨日ご飯当番やったってこと，回そうか？	
	2552　ハル：　（山田先生に向かって）でもさ，誰も金魚やってないと思って，あげたのかな	
	2553　山田先生：　（山田先生に向かって）私ね，そう，おとといも。	
	（後略）	

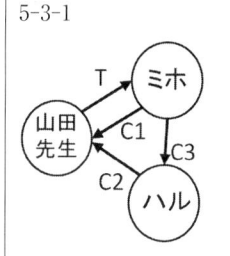

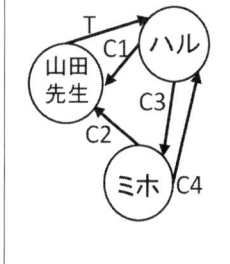

考察：

　5-3-1 の応答連鎖は，同じく当番についての事例であった。山田先生はミホとハルとユイに当番について質問をして，そしてミホは山田先生に「それが分からなかったから」と回答した（C1）。そして，ミホに続いて，ハルも山田先生に「餌あげ」と昨日の当番のことを思い出して，回答した（C2）。しかし，ハルの回答に対して，ミホは「餌？」とハルに宛てて疑問をした。

　また，5-3-2 の応答連鎖は 1 の応答連鎖に続いて，山田先生はハルの回答に対し「そうなの？」と確認した。そして，ハルは山田先生の確認に「そう」と回答した（C1）。ハルの回答に対して，ミホは補足で「おやつもお昼もご飯当番もやってた」という情報を加えた。また，ミホの情報に疑問を持

ちハルは，ミホに宛てて「え？…おやつも？」と自分の疑問を言い出した。そして，ミホはハルの質問に「おやつもやってたよ」と回答した。

　5-3-2の応答連鎖は5-3-1の応答連鎖より1応答長くて，そして，構成的にも近い発話連鎖である。5-3-2の応答連鎖の最後に，ミホがハルの質問に回答したことによって，連鎖がさらに長くなった。

2. 「個と個の問題」の場面の事例分析

　中期から出現した「個と個の問題」の話し合い場面では，5歳児たちは当事者と非当事者と分かれていて，異なる立場からの応答について，宛先と機能を分析できる。

a　事例5-4

　事例5-4では，お昼のおかずを取っている時，リュウジのおかずが足りなくて，そして彼はユイのおかずが多かったことに気づき，ユイに分けてくれるように強く言い出した。そして，山田先生と他の5歳児もリュウジに多様な提案をして，ユイの感情理解にも働きかけたが，リュウジがそれを受け入れず，結局ユイが泣き出して，リュウジがみんなに感情をコントロールしようと助言された。

事例5-4　「もっと言うと泣いちゃうよ」　中期　個と個の問題	
お昼の準備で，全員が順番におかずを取っているところ。リュウジは最後1人でおかずを取る。そして，彼は自分の分が残っていなかったことを気付いた。	
（前略） 1275　リュウジ：　山田先生，リュウジさ，春雨みたいなものない！ 1276　ナナコ：　（リュウジに向かって）コンニャクだよ。 1277　レン：　（リュウジに向かって）コンニャク，コンニャク	

	1278　山田先生：　（リュウジに向かって）確かにないね，少ないね	
	1279　リュウジ：　（山田先生に向かって）ユイ，多いんだ	
T	1280　山田先生：　（リュウジに向かって）取りに行こうか？後聞いてみようか	5-4-1
C1	1281　レン：　（リュウジに向かって）もっと言うとユイ泣いちゃうよ。	
C2	1282　リュウジ：　（レンに向かって）でも，ユイ多いんじゃ	
C3	1283　マオ：　（リュウジに向かって）いいの。	
C4	1284　シロウ：　（リュウジに向かって）今はいいの。泣いちゃうだから	
C5	1285　ユイ：　リュウジ，何でそんな怒るの？	
C6	1286　レン：　（リュウジに向かって）そんな怒るの，必要はない。ち，けち！	
C7	1287　シロウ：　（リュウジに向かって）けち。（ちょっとリュウジの髪の毛を触って）	
	1288　山田先生：　みんな食べれそうなら始めてください。	

考察：

応答連鎖5-4-1では，リュウジとユイのおかずの量の問題にめぐって，山田先生はまずおかずを「取りに行こうか？」という解決の提案したこと（T）。それに対して，レンは問題を解決することより，当事者であるユイの気持ちを考慮するべきという「もっと言うとユイ泣いちゃうよ」という発話でリュウジに諦めるように働きかけた（C1）。しかし，山田先生の提案も，レンの助言も受けいれていなかったリュウジは，ユイの気持ちより，おかずの量に注目し，もう一回「ユイ多いんじゃ」と強調した（C2）。そして，リュウジの応答に対して，マオもシロウもリュウジに諦めるようにもっと働きかけた（C3とC4）。結局，ユイはリュウジの強い態度に「何でそんな怒るの」と質問をし（C5），泣きそうになっていた。さらに，レンとシロウはリュウジを

説得するように，感情をコントロールするように，「けち」と言い出した
（C6とC7）。

　この連鎖において，当事者であるリュウジとユイに働きかけるために，発
話連鎖が長くなったと考えられる。特に，宛先を見ると，C3からの発話が
すべてリュウジに向かっていることが見られた。「個と個の問題」を解決す
るために，当事者に対する働きかけが集中しているため，5歳児たちの宛先
は山田先生ではなく，当事者の5歳児に向かっている傾向があることが明ら
かになった。

b　事例5-5

　事例5-5は外から遊んだ後，お昼の用意まで少し時間があるから，みんな
は本を読むと決めた。しかし，山田先生が本を取りに行った時，座って待っ
ている5歳児たちの間に，トラブルが発生した。そのトラブルは以下のよう
に起きた。まず，ハルがシロウをわざと叩いた。しかし，シロウは後ろに振
り向いて，笑っているユイを見たら，ユイが自分を叩いたと誤解し，すぐに
ユイに叩き返した。そしてユイが泣き出し，山田先生が本を持って帰ってき
た。

事例5-5　「何で勝手にたたくの？」　後期　個と個の問題
外遊びから保育所に戻り，昼食の後に何をするか，当番をどのようにするかについて少し話し合って，そして，昼食の用意をする前にまだ時間があるから，少し休憩を取りながら，ご本を読む時間にした。 　山田先生一人が図書室に入り，みんなが図書室外の廊下で待っていた。そして，山田先生が「ヤンボウニンボウはどう？」とみんなに尋ね，「うんうん！」と子どもたちが楽しそうに頭を頷き，ご本を待っていた。 　その時，ハルが急にシロウを叩いた。しかし，シロウはハルではなく，ユイが自分を叩いたと誤解し，ユイを叩き返した。そして話し合いが始まって，シロウはユイに謝ったが，ユイは納得しない様子。
（前略）

2859 ハル：　（シロウに向かって）何やってんの？（話ながらシロウをたたいて）

2860 シロウ：　（叩かれることを気づき）何やってんの？（振り向いて，ユイが笑っているのを見て，ユイのほうをたたいて）

2861 ユイ：　痛い！（泣き始める）

2862 シロウ：　（ユイに向かって）だってユイたいたじゃん

2863 ハル：　（シロウに向かって）こっちだよ。はぁ〜（笑い始める）

2864 シロウ：　ははぁ〜（笑い出す）

2865 山田先生：　（絵本室から絵本を取って，泣いているユイを見て）あら！何でまた泣いてるの？

2866 ユイ：　あのね，シロウが急にたたいたの

T	2867 山田先生：　あらあらあら	5-5-1
C1	2868 ナナコ：　あの，ニンポウとヤンボウは黄色い本じゃないの？	
C2	2869 ユナ：　（シロウに向かって）ごめんねって一言言ってよ	
C3	2870 シロウ：　（ユイに向かって笑っている表情で）ごめんね！	
C4	2871 ユイ：　（シロウに向かって）いやだ，ふざけてる	
C5	2872 シロウ：　ご。。。	
C6	2873 ユイ：　（シロウに向かって）何でシロウは，勝手にたたくの？	
C7	2874 シロウ：　（ユイに向かって）だってさ，ユイがたたいたさ，前に分からなかったから	
C8	2875 ユイ：　（シロウに向かって）じゃさ，たたかなくてよかったじゃん	
C9	2876 シロウ：　（ユイに向かって）だって，ユイがたたいたと思っていたから	
C10	2877 ユイ：　（シロウに向かって）たたかなければよかったじゃん，なぁ〜	
C11	2878 ミホ：　（山田先生に向かって）エルとエデマンがいい	

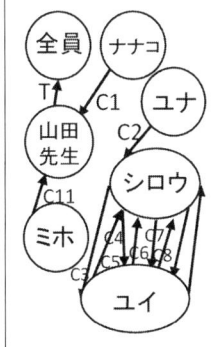

> 2879 山田先生：（全員に向かって）でも，聞いて，今，ユイとシロウがケンかしてるから，どっちも読めない
> 2880 レン：（山田先生に向かって）ニンポウとヤンボウ
> 2881 山田先生：（全員に向かって）どうしよう？
> （後略）

考察：

　事例5-5は，個と個の問題の場面である。山田先生の発話に対して，5歳児の11応答の連鎖が見られた。応答連鎖5-5-1は山田先生が全員に対して「あらあらあら」という感動詞でユイの応答に返事をしたことから始まった。ここでは，山田先生は大変だねという態度でユイの応答を受け止めた（T）。そして，ナナコは山田先生の発話に対して，今のシロウとユイの問題ではなく，ご本のことについて「ニンポウとヤンボウは黄色い本じゃないの」と山田先生に質問をした（C1）。ナナコの応答と反対に，ユナはユイとシロウの問題に直面し，当事者であるシロウに対して，「ごめんねって一言言ってよ」と提案をした（C2）。そして，シロウはユイに対して謝ったが（C3），ユイはこのような謝りを受け止めようとしなかった（C4）。シロウはもう一回謝ろうとしたが（C5），ユイから「何で勝手にたたくの？」と質問され（C6），シロウはユイの質問に応答した（C7）。そして2人の当事者の間の応答連鎖がさらに一問一答で続き（C8・C9・C10），最後にミホから山田先生に対してご本に関して「エルとエデマンがいい」と要求した（C11）。ミホはその時点で，シロウとユイの問題が解決したと考えたのだろう。しかし，その後に，山田先生はもう一回シロウとユイの問題を提出し，その解決策を5歳児たちに聞き，全員が問題の内容や納得の様子が見られた後に，ご本を読み始めた。

　この応答連鎖において，シロウに働きかけていたユナの応答も見られた。このような，当事者に向かって応答をすることは，事例5-4の応答連鎖

5-4-1 と同じ傾向であると考えられる。しかし，シロウとユイという当事者
間の長い応答連鎖が見られた。これは，事例 5-4 の応答連鎖 5-4-1 と異なっ
ている。また，ナナコの応答とミホの最後の応答から，5 歳児によって問題
が解決したかどうかという判断の基準の違いが示唆されている。

3.　事例分析のまとめ

　「集団の問題」と「個と個の問題」の事例から，異なる応答先の関係や異
なる応答の機能が見られた。

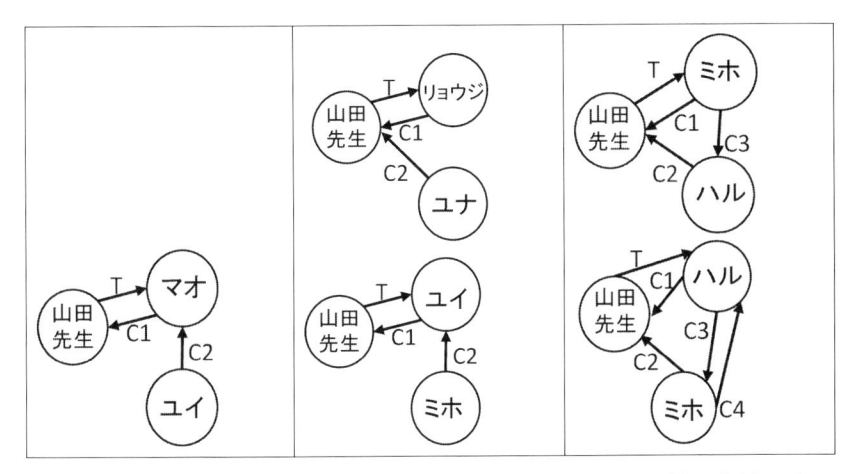

**図 5-2　「集団の問題」の場面における前期（左：事例 5-1），中期（中：事例 5-2），
　　　　後期（右：事例 5-3）に 5 歳児の応答連鎖の関係**

　図 5-2 のように，「集団の問題」において，クラス全員が当事者であるた
め，山田先生に宛てていて，山田先生の発話への回答が多く見られた。また，
時期とともに，山田先生のみではなく，他児に宛てていて，他児に「質問」
したり，その質問に「回答」したりすることが出現した。
　図で表現すると，応答の宛先のみが見られて，実際に応答の機能を加えて
説明すると，前期に他児に一方的にかかわろうとする「同調」や「要求」の

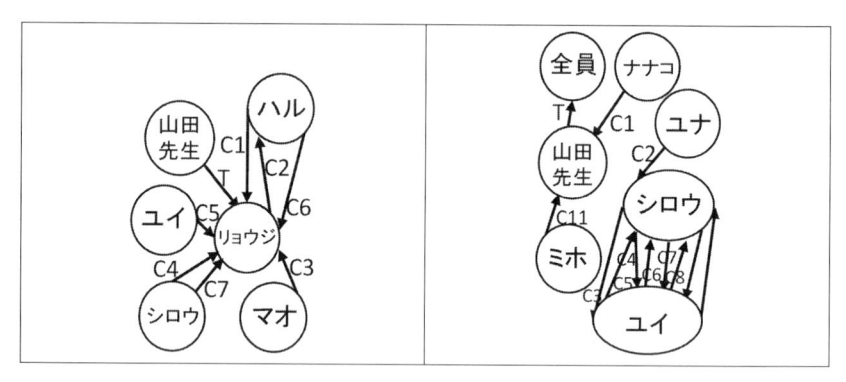

図 5-3　「個と個の問題」の場面における中期（左：事例 5-4），後期（右：事例 5-5）
に 5 歳児の応答連鎖の関係

発話機能以外，中期では，他児の質問に「回答」したり，内容を加えて「説明」したり，「自分の異なる意見」を言ったりしたことが見られた。

　図 5-3 のように，「個と個の問題」の話し合い場面では，非当事者から当事者に宛てている応答連鎖や，当事者の間の応答連鎖が多数見られた。非当事者から当事者に宛てて，「提案」や「否定」や「要求」などの応答の機能が見られた。それに対して，当事者間では，「質問」や「回答」が多く見られた。また，次章で具体的に問題解決の話し合いにおける 5 歳児の役割を検討する。

　図 5-2 と図 5-3 から，問題のタイプによって，異なる応答の機能や，異なる応答連鎖の展開が見られた。「クラスの問題」より，「個と個の問題」の話し合い場面では，5 歳児間のやりとりがより長く見られた。全員が当事者である「クラスの問題」の場面より，「個と個の問題」の場面では，当事者と非当事者の立場がはっきりしているので，5 歳児にとって自分の立場が分かりやすいのではないかと考えられる。この結果から，5 歳児が自分の立場を分かっているほど，より多く発話し，話し合いに参加できると推察できる。

　また，話し合いのテーマによって，異なる宛先の関係があるかどうかを検討する必要がある。

第 7 節 本章のまとめ

　本章は問題解決の話し合いにおける 5 歳児の応答連鎖の特徴及び変容を検討し，結果を以下の 4 点にまとめた。

　第 1 に，5 歳児の応答連鎖の長さについて，時期によって，保育者の 1 回の発話に対する 5 歳児の応答が長くなることが示された。

　第 2 に，5 歳児の応答の宛先は保育者だけではなく，自分の直前に発話した 5 歳児に対しても，自分の直前に発話した 5 歳児以外の他児や，クラス全員にも宛てていたことが観察された。また，時期的な変化について，前期では応答の宛先は山田先生と自分の直前に発話した 5 歳児のみであり，中期から自分の直前に発話した 5 歳児以外の他児とクラス全員にも宛てるようになった。それに，山田先生に宛てている応答の割合は時期とともに減少したのに対し，他の 3 つの宛先に宛てている応答の割合は時期とともに増加したことが明らかになった。つまり，5 歳児の応答の宛先は時期とともに多様になっていくだけではなく，5 歳児間の応答的な関係を示唆している。さらに，5 歳児が「クラス全員」に向かっている発話は，クラスの話し合いにおける「集団性」の意識の芽生えも示唆している。

　第 3 に，宛先に基づく 5 歳児の応答の機能について，まず全体的に，「保育者の質問への回答」と保育者への「要求」や，自分の直前に発話した 5 歳児に対する「同調」「補足」「質問」「否定」が多く見られた。時期的な変容について，前期から後期に渡って，山田先生に宛てている「山田先生の質問への回答」と「自分の直前に発話した 5 歳児への同調」が変わらずに多かった。それに対して，自分の直前に発話した 5 歳児に宛てている「質問」と「否定」は時期とともに増加したことが見られた。つまり，宛先の変容に伴い，発話の機能の変容も見られた。5 歳児の C2 からの応答は，すべて山田先生の発話に応答するだけではなく，自分の直前に発話した 5 歳児に対する

発話内容も多く見られた。5歳児間の相互作用だけではなく，5歳児間の学び合いも示唆されている。

　第4に，事例分析から，「クラスの問題」と「個と個の問題」という問題のタイプによって，応答連鎖における宛先や応答の機能が異なることが明らかになった。「クラスの問題」より，「個と個の問題」の話し合い場面では，5歳児間のやりとりがより長く見られた。全員が当事者である「クラスの問題」の場面より，「個と個の問題」の場面では，当事者と非当事者の立場がはっきりしているので，5歳児にとって自分の立場が分かりやすいのではないかと考えられる。この結果から，5歳児が自分の立場を分かっているほど，より多く発話し，話し合いに参加できると推察できる。

　5歳児の応答をまず応答数と応答の宛先だけに着目し，より表面的に捉えると，5歳児は保育者の発話に対してのみ積極的に応答するように見えた。小学校教室における独特なコミュニケーションの形として「I（Initiation）はたらきかけ」-「R（Reply）応答」-「E（Evaluation）評価」（Mehan, 1979）という発話連鎖のパターンのように，5歳児クラスの話し合いにおいても，保育者の発話「I」に，5歳児が応答した「R」という「形式」だけを見ると，小学校教室談話と似ている発話連鎖のパターンが見られたのではないかという結論にたどり着ける。

　しかし，応答数と応答の宛先だけではなく，応答の機能や事例分析を含め，より微視的に分析を行ったところ，5歳児の「応答」が数量的に多くなったり長さ的に長くなったりしただけではなく，5歳児の「応答」の宛先が変化し，応答の機能も多様になった。また，前期においても，他児が保育者に対して自分の感情や感想を言った後に，5歳児はこの他児に対して感情を制御させ，自分の要求を言い出して，他児に積極的に働きかけていた姿が見られた（事例5-1）。つまり，クラスの話し合いという多声環境において，前期においても，5歳児は保育者の声だけではなく，ほかの5歳児の声も聴き，それを理解した上で，自分の意見を表現したことだと推察される。このように

他者の発話を聞き取り，他者と意見を交わすことは，集団的な話し合いに参加するために必要とされる能力であり，小学校教室での学習の基礎でもあると考えられる。

　また，保育者に宛てている応答であっても，実際に応答の機能は前に発話した5歳児に影響を受けることは前期の「前に発話した5歳児の同調」というカテゴリーから見られた。その他に，「前に発話した5歳児への要求」など他児への一方的なかかわりも見られた。そして，中期や後期になると，前に発話した5歳児への「補足」や「否定」のように，前に発話した5歳児と異なる機能である応答をしたことが出現し，他児へのかかわりの形が多様になったと推察できる。さらに，後期では，前に発話した5歳児への「質問」「回答」「否定」の増加は，5歳児間の相互的なやりとりの形を説明出来る。また，後期には発話数が減少したにもかかわらず，クラス全員に対する応答は多く見られた。

　5歳児同士の話し合いは，他児の発話を聴いて，他児の言葉を自分の言葉として獲得する場になる。実際に5歳児クラスでは，他児から学ぶチャンスが多く存在している。事例の中には，他児から直接に教わることもあるが，間接的に他児の言葉から学ぶ事例も見られた。例えば，前に発話した5歳児の言葉を一部切り取り，再発話や言い換えした事例である（事例5-4）。直接に教えあう環境ではなくても，5歳児は常に学び合っており，このような学び合いが，5歳児の応答の機能の多様化を促進していると推察できる。

　さらに，5歳児の「応答」の宛先と機能の変容を見ると，前期では，保育者の発話をよく聴き，保育者の発話に応答しようとする姿が確認された。クラスの話し合いは多声環境でありながら，保育者と個々の5歳児の2者会話関係が多く存在していると推察できる。しかし，中期から5歳児の応答の宛先は自分の前に発話した5歳児や自分の直前に発話した5歳児以外の5歳児へ変わりつつ，その5歳児に向けた「応答」を通して多様な機能をもった応答でやりとりをできるようになった。さらにクラスのような3者以上の集団

においても，話し合いにおける5歳児間の2者会話関係を築き上げていくプロセスが見られた。このことは，クラス全体の話し合い「聴き合う」関係性の構築に向け，保育者が二者間の会話関係をどのように広げ支えるかを考えるうえでの重要な示唆を含む。

　また，保育者の支援に関して，支援の立場，信念は実際の支援に影響することが指摘できると考えられる。「子ども中心」の保育信念をもつ保育者を対象にした調査（Winsler & Carlton, 2003）では，保育者が「子ども中心」であることをうまく理解できず，「子ども中心」の保育を実行するために子どもと距離を取り，さらに子どもを避けるようになった事例が報告されていた。しかし，本章では，保育者が発話している場合でも，5歳児たちは自分の考えを交わし，複雑な応答の機能が観察された。すなわち，保育者の「かかわり」は子どもとの距離で評価することではなく，保育者はいかに子どもが自由に発話できる環境を提供することが可能か，そしていかに話し合いをする習慣をつけるかことが重要であることが示唆された。

　本章は9ヶ月の観察データから，話し合いにおける5歳児の応答に着目し，その宛先と機能の変化を明らかにした。さらに，5歳児は保育者の言葉だけではなく，周りの5歳児の言葉も聴き，やりとりをする姿が見られた。それは，5歳児が時期を経るにつれ聴き合うための力を身につけていることを示唆している。この結果は，様々な文脈から確認でき，話し合いにおける5歳児の成長，および5歳児段階の話し合いの重要性を説明できると考えられる。

　また，5歳児に「聴き合う」環境を提供し，「聴く力」を育むことは，小学校の教室で要求されている聴く能力の育成によい基礎となり，幼小連携において重要となると考えられる。5歳児段階は保育施設から小学校への移行期と考えられ，実際に幼小連携活動が多様に行われている。しかし，多数の幼小連携活動における5歳児の成長のプロセスについてはまだ十分な検討がなされていない。この点を明らかにするために，幼小連携活動を行う前に，子どもがすでに持っている力や，小学校に入った後に育てようとしている力

をまず明確化する必要がある。なぜなら，幼小連携活動は単なる制度的に連続するもの同士の活動ではなく，子どもの既有の力と小学校で育てようとする力を繋げる活動だと考えられるからである。この点について，本章は，5歳児の話し合いにおける実態を明らかにした点で意義深いと考えられる。

第6章　当事者と非当事者としての役割

　本章では，5歳児クラスの問題解決の話し合い場面において，2名の5歳児の発話の特徴の1つとして，その発話の役割について検討する。そのため，①「個と個の問題」における「当事者に対する」役割，②「個と集団の問題」の場合における「非当事者向け」の役割，③「集団の問題」の場合における「当事者として」の役割，④役割のまとめと2名の比較の順に検討を行う。

第1節　本章の目的

　本章では，5歳児クラスの，ある問題を解決するための話し合い場面において，当事者及び非当事者の立場による「役割」の違いを明らかにすることを目的とする。

　第1に，問題解決の話し合い場面に着目し，「個と個の問題」における2名の5歳児が非当事者として，「当事者に対する」役割を分析する。

　第2に，「個と集団の問題」の場合，2名の5歳児は非当事者として，「非当事者向け」の役割を検討する。

　第3に，「集団の問題」おいて，2名の5歳児が「当事者として」の役割を把握する。

　第4に，2名の5歳児が果たした役割をまとめ，さらに2名の役割を比較する。

第2節　方法

　対象クラスと対象児，観察の期間・場面，観察記録の作成方法などは，第2章第1節で述べた通りである。また，時期的な変容についても，第2章第2節で述べた通りである。5歳児の発話の役割の検討について，本章では以下の手順で行った。

①2名の5歳児の選定

　本節では，問題解決場面の話し合いにおける当事者と非当事者の役割を検討する目的で，当事者・非当事者の両方で問題解決場面に関わっており，なおかつ発話数が一番多い2名の5歳児を分析対象とした。以下の表6-1（第4章で使われていた表であった）で示されているように，問題解決場面の話し合いにおける発話数を見ると，レン（男児）とミホ（女児）が同じく127発話で，最も発話数が多かった。

表 6-1　話し合いタイプ別に5歳児の発話数（比率%）

発話数	レン	ミホ	シロウ	ユイ	ユナ	リュウジ	ハル	マオ	ナナコ	計
問題解決タイプ	127 (16.18)	127 (16.18)	121 (15.41)	96 (12.23)	87 (11.08)	80 (10.19)	79 (10.06)	39 (4.97)	29 (3.69)	785 (100)
自由議論タイプ	107 (16.67)	102 (15.89)	83 (12.93)	109 (16.98)	66 (10.28)	94 (14.64)	31 (4.83)	33 (5.14)	17 (2.65)	642 (100)
計	234 (16.40)	229 (16.05)	204 (14.30)	205 (14.37)	153 (10.72)	174 (12.19)	110 (7.71)	72 (5.05)	46 (3.22)	1427 (100)

　また，問題の分類（分類の方法は次の部分で説明を行う）によって，5歳児が当事者・非当事者という立場に立った回数をカウントし，以下の表6-2で示す。

表6-2　当事者・非当事者という立場に立った回数

問題	立場	レン	ミホ	シロウ	ユイ	ユナ	リュウジ	ハル	マオ	ナナコ
「個と個の問題」	当事者	0	0	1	2	2	1	1	0	0
	非当事者	4	4	3	2	2	3	3	4	4
「個と集団の問題」	当事者	0	0	0	1	0	1	0	1	0
	非当事者	3	3	3	2	3	2	3	2	3
「集団の問題」	当事者	23	23	23	23	23	23	23	23	23
	非当事者	0	0	0	0	0	0	0	0	0

　表6-2のように，レンとミホは総発話数が多いだけではなく，「個と個の問題」と「個と集団の問題」の場合，すべて非当事者の立場に立ち，「集団の問題」の場合では当事者の立場に立っていた。つまり，レンとミホは，発話数が最も多く，かつ当事者・非当事者の立場に経った回数が多いため，本研究の目的である，5歳児が異なる立場による役割をより説明できると考え，レンとミホを選び，本研究の対象とした。

②問題の分類
　4歳児段階で検討されている1対1の幼児間の問題（松原・本山，2013）は5歳児クラスでも存在しているため，以下「個と個の問題（problems between individuals）」と定義した（例えば2名の5歳児のけんか）。この場合，レンもミホも非当事者であるため，「非当事者の立場における役割」を検討できる。
　さらに，「個と個の問題」以外にも，クラス全体での話し合い場面に着目しているため，クラスの全員が問題の当事者になることがある。そのため，上記の「個と個の問題」に対し，クラスの全員が一緒に解決する問題を「集団の問題（problems of collectives）」と定義した（例えば全クラスが当番の役割や，劇の役割を決める）。この場合，全員が当事者であるため，レンとミホを代表に選び，当事者という違う立場から，役割を検討することができる。また，

「個」と「集団」の間に，1人の5歳児対集団の問題も観察されたため，以下「個と集団の問題（problems among individual and collectives）」と定義した（例えば1人の5歳児がクラス全体のある決定に不満を持つ）。この場合，ミホもレンも非当事者であった。

表6-3　問題の分類と回数（比率%）

問題の分類	回数
「個と個の問題」	4（13.3）
「個と集団の問題」	3（10.0）
「集団の問題」	23（76.7）

また，5歳児クラスにおける30の問題解決の話し合いにおいて，「個と個の問題」の話し合いは4回，「個と集団の問題」の話し合いは3回，「集団の問題」は23回見られた（表6-3）。そのうち，「集団の問題」の話し合いはより多く見られた。具体的に，「集団の問題」の話し合いにおいて，当番に関する話し合いや行事に関する話し合いが多く占めている。表6-4に示したように，劇やほかの行事は7回（30.4 %），当番は6回（26.1 %），活動の計画や他のやり方の計画は6回（26.1 %）見られた。

表6-4　「集団の問題」の内容分類と回数（比率%）

「集団の問題」の内容分類	回数
劇や他の行事	7（30.4）
当番	6（26.1）
活動の計画，やり方	6（26.1）
次の予定	4（17.4）

③5歳児の役割

　先行研究では，4 歳児が葛藤の介入において，当事者の一方の幼児に「加勢」する行為，また当事者の 2 名の幼児を「仲裁」する行為が観察された（越中，2001；松原・元山，2013）。そこで本研究でも 5 歳児の場合，「個と個の問題」「個と集団の問題」「集団の問題」という 3 タイプの問題において，「加勢」「仲裁」というカテゴリーを参照しながら，レンとミホの役割を分類する。

第 3 節　「個と個の問題」における「当事者に対する」役割

　集団における「個と個の問題」を解決するために，保育者がクラス全体で話し合う場面を設定されることにより，当事者だけではなく，非当事者の 5 歳児も問題解決に参加することができた。

　そのうち，非当事者としてのレンとミホは，当事者の 5 歳児と一緒に問題を解決するため，当事者に様々な働きかけをし，話し合いにおける多様な役割を示した。一方，同じ当事者に対しても，レンとミホの発話や果たしている役割の相違が見られた。

1.　2 名に共通している「非当事者が自分の権利を当事者に譲る」役割と「当事者に主張を諦めるように説得する」役割

　以下の事例 6-1 では，ハルもユナも大縄のアンカーをやりたいという「個と個の問題」が発生した。しかし，アンカーができないためにユナが大縄跳びをやめたということを，山田先生はまだ認識していなかったので，他児に対して「ユナを誘おう」という提案をした。そのうち，ほかの 5 歳児はただユナに呼びかけていたところ，それはハルとユナの問題であると認識したミホは，ユナに対して呼びかけるのではなく，もう 1 人の当事者であるハルに解決案を提案し，その上でユナに「アンカーでもいいから」という提案をした（1-3 と 1-5）。また，レンはユナを大縄に誘うために，自分の「最初の順

番」をユナに譲るという具体的な解決策を提案した（1-4）。

事例 6-1　「アンカーになりたい！」

　クラス全員が，プレイグラウンドで大縄跳びを何度も繰り返ししていた。ユナ以外の 5 歳児が次の順番を決めようと話し合っていたところ，ユナは急にやらないと言い出した。

	（前略）
	650　ハル：（全員に向かって）アンカーハルやったことない，アンカーやる。
1-1	651　レン：（全員に向かって）<u>一番最初うちやったことない。（そしてレンが一番に走ることになる）</u>
	652　山田先生：（ハルに向かって）ちょっと待って。今日だけじゃなくて，またやるから。その時にアンカーやって。
1-2	653　ミホ：<u>アンカーの前。（そしてアンカーの前に立つ）</u>
	（中略）
	658　ハル：ね，山田先生，ユナちゃん，ユナちゃんやらないって
	659　山田先生：ユナ，みんな待ってるぞ。
	660　シロウ：山田先生，用意，スタートって言って。
	661　山田先生：（全員に向かって）ごめん。ユナがやらなかったら先生はやらない。そうじゃない，クラスのみんなの一員でしょ。ユナをちゃんと誘って。
	662　ユイ：ユナ
	663　ナナコ：ユナ
1-3	664　ミホ：<u>ハルさん，次の時にアンカーにやったら。</u>
1-4	665　レン：（ユナが）<u>最初でもいいから，とにかくやろうよ。</u>
1-5	666　ミホ：<u>ユナ，アンカーでもいいから，やろうよ。</u>
	667　山田先生：ユナ，これで今日最後にしようよ。やってもいいんじゃ。
	668　ハル：（レンに向かって）アンカーしたい。
	669　山田先生：ユナちゃん，一番最初にやっちゃう。
1-6	670　ミホ：（山田先生に向かって）<u>違う。アンカーがいいって。</u>
	671　山田先生：アンカーがやりたいの。
1-7	672　ミホ：（ユナに向かって）<u>みなに見せてあげてよ。上手にね。</u>
	673　山田先生：（全員に向いて）誰か今回アンカーやるの？
	674　ハル：はい！（後略）

注：事例中の下線の発話はミホの発話で，波線で表示する発話はレンの発話である。

　事例 6-1 では，ミホとレンの 2 名は，非当事者として，問題を解決するために，具体的な提案をして，ユナとハルの問題を「仲裁」する役割を果たした。具体的に，ミホは非当事者として，当事者の 2 人，ハルとユナにも働きかけた（1-3 と 1-5）。その中で，ハルに対して，ミホは「ハルさん，次の時にアンカーになったら？」という当事者に主張を諦めるように説得しようとした。しかし，この提案はハルを説得できず，ハルも自分がアンカーをやりたいと主張し始めた。また，レンは自分の権利である最初の順番を当事者であるユナに譲ろうとし，問題の解決を図っていた。しかし，それもユナからの返事はもらえず，採用されなかった。

　また，事例 6-1 では，レンもミホも，自分の主張を言う時，自分の前に言った幼児の意見を尊重するという意識を持ち，自己制御して発話していたと考えられる（1-1 と 1-2）。事例中の当事者のユナと違って，集団の中のトラブルを避ける意識を持っていると考えられる。

2.　レンの「当事者の感情理解」の役割と「当事者の感情制御」の役割

　事例 6-2 では，リュウジとユイの間でおかずの量に関する「個と個の問題」が発生した。リュウジがユイのコンニャクの多さに対して不満をぶつけていた。その時，非当事者であるレンは，まず「ユイの気持ちを理解しよう」という他者の感情を理解する足場かけの仲裁をして，ユイを泣かせないためにリュウジにコンニャクを諦めさせるという解決策を出した（2-2）。

　さらに，ユイに対して怒り出したリュウジに，「自分の感情をコントロールしよう」という解決策を出した（2-3）。

事例 6-2　「おかずの量」
昼食の準備で，全員が順番におかずを取っているところ。リュウジは最後 1 人でおかずを取る。そして，彼は自分の分が残っていなかったことに気付いた。
（前略）

	1275	リュウジ：山田先生，リュウジさ，春雨みたいなものない！
	1276	ナナコ：（リュウジに向かって）コンニャクだよ。
2-1	1277	レン：（リュウジに向かって）コンニャク，コンニャク
	1278	山田先生：（リュウジに向かって）確かにないね，少ないね
	1279	リュウジ：（山田先生に向かって）ユイ，多いんだ
	1280	山田先生：（リュウジに向かって）取りに行こうか？後聞いてみようか
2-2	1281	レン：（リュウジに向かって）もっと言うとユイ泣いちゃうよ。
	1282	リュウジ：（レンに向かって）でも，ユイ多いんじゃ
	1283	マオ：（リュウジに向かって）いいの。
	1284	シロウ：（リュウジに向かって）今はいいの。泣いちゃうだから
	1285	ユイ：リュウジ，何でそんな怒るの？
2-3	1286	レン：（リュウジに向かって）そんな怒るの，必要はない。ち，けち！
	1287	シロウ：（リュウジに向かって）けち。（ちょっとリュウジの髪の毛を触って）
	1288	山田先生：みんな食べれそうなら始めてください。

　レンの 2 回の発話（2-2 と 2-3）では非当事者の立場から，リュウジに対して感情に関する足場かけをしたと考えられる。実際に，事例 2 において，レンだけではなく，マオとシロウもリュウジにユイの気持ちを考えようとアドバイスをした。

　さらに，レンの発話から，当事者であるユイに対して，長い年月一緒に生活をしたため，ユイの性格や習慣の理解がすでに形成されていたことが推測でき，さらに，この理解をリュウジにも理解してほしいと考えられる。また，同じ男の子であるリュウジに対して，当事者であるリュウジの言葉使いだけではなく，小さいことで怒るという感情を制御するように助言し，さらに「ち，けち！」という自分の感情も存分に表現し，リュウジがしたことによって他者が持つ感情をリュウジに伝えようとした。

3.　レンの「当事者の代弁による情報共有」の役割

　事例 6-3 はシロウの誤解による「個と個の問題」である。ユイはシロウの

最初の謝りに納得しない様子で，山田先生は「どうしよう」と全員に聞いた。
そして，レンもリュウジもシロウにアドバイスをした（3-1）。そして，山田
先生はユイを泣かせたことに対し謝らせるだけではなく，なぜ泣かせたのか
を聞いたが，シロウははっきりと事実を言わなかった。その時，レンがシロ
ウの代わりにどういう経緯であったかを伝えた（3-2）。

	事例 6-3　「誤解」
	外遊びから保育所に戻り，昼食の後に何をするか，当番をどのようにするかについて少し話し合って，そして，昼食の用意をする前にまだ時間があるから，少し休憩を取りながら，ご本を読む時間にした。
	山田先生一人が図書室に入り，みんなが図書室外の廊下で待っていた。そして，山田先生が「ヤンボウニンボウはどう？」とみんなに尋ね，「うんうん！」と子どもたちが楽しそうに頭を頷き，ご本を待っていた。
	その時，ハルが急にシロウを叩いた。しかし，シロウはハルではなく，ユイが自分を叩いたと誤解し，ユイを叩き返した。そして話し合いが始まって，シロウはユイに謝ったが，ユイは納得しない様子。
	（前略）
	2881　山田先生：どうしよう？
3-1	2882　レン：（シロウに対して）硬いことじゃないよ，お前
	2883　リュウジ：（シロウに例を示すように）ごめんね，私のせいで
	2884　シロウ：（ユイに向かって）ごめんね！
	2885　山田先生：（シロウに対して）なんで？髪の毛わざと引っ張ってる？
	2886　シロウ：違う！うちがユイがたたいたと思って
	2887　ハル：ハルがたたいたの
3-2	2888　レン：ハルがたたいたら，間違ってユイがたたいたと思って，ユイをたたいちゃって。
	2889　シロウ：そう！
	2890　ユイ：（レンに向かって）たたいちゃったじゃないの
3-3	2891　レン：（ユイに向かって）知るわけないじゃん
	2892　山田先生：じゃ，座って

事例 6-3 において，レンがシロウの代弁をし（3-2），発生した問題の経緯
をクラス全員に共有できた。また，レンが事例の最初で「（シロウに対して）

硬いことじゃないよ，お前」という言葉かけをして，シロウが早くユイに謝るように催促した。この事例では，レンが当事者であるシロウに代わって代弁し，状況を共有しただけではなく，問題の解決を図って当事者に働きかけ，自分がユナに言われた時にも，きちんとユナに応答した。

4.　まとめ

　以上の 3 事例において，当事者の 5 歳児の問題に対して，レンもミホも積極的に当事者に働きかけをし，多様な視点から解決策を出すことが見られた。特に，レンは当事者の 5 歳児に対して「提案」をしたり，「感情に対する足場かけ」をしたり，当事者の 5 歳児の「代弁」をしたりすることで，解決に導いていきたい意欲だけではなく，多様な役割のバリエーションが明らかになった。

　従来のいざこざの研究では，当事者としての視点で問題を解決する方略などに着目したものが多い（柴田，2014；鈴木・野中，2013）。しかし，非当事者としても，他人が問題をめぐっていることを見過ごすことがなく，4 歳児でもすでに他人のいざこざ問題に介入し協同的な問題解決に向かうことができる（松原・本山，2013）。本節の事例で見られたように，レンとミホは非当事者として，当事者と協同的に問題を解決するために，当事者を説得したり，当事者の気持ちを理解したり，当事者を代弁したりした。このことから，問題解決においては非当事者の役割を無視することができないと推察できる。5 歳児クラスでは，非当事者の 5 歳児と当事者の 5 歳児が一緒に話し合うことによって，5 歳児たちが自ら問題の解決を導くことが可能であると考えられる。

第 4 節　「個と集団の問題」における「非当事者向け」の役割

　「個と集団の問題」を解決するための話し合いにおいて，レンとミホが当

事者の5歳児に対して働きかけているだけではなく，他の非当事者とも問題の状況や当事者の気持ちを共有するなどのやりとりをしながら，問題の解決を図っていることが示された。

1. ミホの「非当事者に問題の状況を共有する」役割と「非当事者に当事者の気持ち理解を共有する」の役割

　山田先生の5歳児クラスは，劇のような行事についてだけではなく，日常の活動においてもクラスの話し合いによって役割や予定などの問題を解決していくことが多く見られた。その中で，クラスの1人が不満などを述べるといった問題が度々発生し，クラス全員が一緒に話し合って問題を解決する場面が見られた。そのような話し合いにおいて，レンとミホも当事者ではないが，問題を一緒に解決していく積極的な姿勢や，多様な役割が見られた。

　事例6-4では，マオがクラス全体に対して自分のおかずが少ないという問題を提起し，全員で解決しようとしている。その後，レンは自分のおかずをマオに分けようとしたが，ミホがレンを止めた（4-2）。それは，ミホが山田先生から「マオにおかずを分けなくていい」という情報を受け止めたからと考えられる。けれども，ミホはレンを止めたが，あまりにもおかずの少ないマオに対して，自分のおかずを分けようとした（4-5）。しかし，その時山田先生がミホを止めた。実は，昨日マオのお腹の調子が悪く，あまり食べられないからであった。

事例6-4　「おかずと胃の調子」

　クラスでお昼の準備をしているところ，マオが自分のお皿に肉じゃがを取っている。まだユナが取っていなかったのに，肉じゃががなくなりそうだ。

　　　　1253　マオ：（全員に向かって）ね，少ないんだけど。
　　　　1254　リュウジ：はい！はい！
　　　　1255　マオ：少ないんですけど
　　　　1256　リュウジ：はい！分けてあげる

4-1	1257　ミホ：（マオに向かって）<u>どれどれ？</u>
	1258　山田先生：食べれるの？マオ。大丈夫？
	（レンは自分のおかずを分けようとして，ミホはそれを止めて）
4-2	1259　ミホ：（レンに向かって）<u>いいよ。</u>↓
4-3	1260　レン：（ミホに対して）<u>何で？</u>（レンは自分のおかずを分けるのを止めて）
4-4	1261　ミホ：（レンに向かって）<u>足りるから。</u>
	1262　山田先生：ちょっと待っててね。
	（ミホは自分の分を少し分けてあげて）
4-5	1263　ミホ：<u>だってかわいそうじゃ。</u>
	1264　山田先生：ちょっと待って，ちょっと待って
	（山田先生は肉じゃがのボールをミホからもらって）
	1265　リュウジ：リュウジ減らしていいよ。
4-6	1266　レン：<u>減らしていいよ</u>
	1267　ハル：マオ，きゅうり取ってないよ
	1268　マオ：食べれないよ。
	1269　山田先生：マオはね，昨日お腹の調子悪かったから，ちょっと様子を見てみよう。
	1270　ナナコ：冷たいものじゃダメだね
4-7	1271　レン：<u>これ，とっていいよ</u>
	1272　山田先生：ちょっと待って，小さい芋ください。ユナの分には芋がないから
4-8	1273　ミホ：（マオに向かって）<u>先に，あの，おかずを食べて，後におつゆを飲むと，冷めちゃう。</u>
	1274　ハル：冷たいものはお腹ダメなんだ
	（後略）

　本事例では，当事者ではないレンとミホは，マオの問題に対して，積極的にかかわり，自分のおかずを譲ろうとした（4-1と4-6）。また，非当事者の間で，お互いにやりとりをしながら，問題の解決を図っている様子が見られた（4-2，4-3と4-4）。特に，山田先生から情報をもらったミホは，他の非当事者に対して「いいよ」「足りるから」という情報を共有しようとする姿が見られた（4-2と4-4）。加えて，マオのおかずがあまりにも少ないので，「だってかわいそうじゃ」という発話で当事者であるマオの気持ちの理解を

クラス全体で共有しようとする役割だと考えられる（4-5）。

　しかし，事例6-4のように，問題解決の際，問題発生の理由や当事者の事情などを理解できていなければ，解決に至らないこともあった。また，事例の最後の部分で，ナナコから「マオは冷たいおかずが食べられない」という情報が提示され，さらにレンの自分の温かいおかずを譲ろうとする姿やミホの食事の進め方に関するアドバイスをする姿から，他児への関心や，他児への思いやりが見られた。当事者としての他児の気持ちや考えを考慮できるため，当事者に対してアドバイスをすることが可能になると考えられる。

　また，言葉の表現様式からも5歳児の異なる役割が見えてくる。まず，問題を解決しようとするリュウジは「はい！」「分けてあげる」という言葉を使い，直接に問題を対応しようとした。それに対して，ミホは「どれどれ？」というようにまず全体的に問題の状況を把握しようとした。また，レンはマオに対して，「減らしていいよ」「これ，とっていいよ」という優しさがある言葉で問題を解決しようとしていた。

第5節　「集団の問題」における「当事者として」の役割

　5歳児クラス全員が共有している問題を一緒に解決していく場合，レンもミホも当事者として話し合いに参加している。その場合，非当事者の立場と違って，当事者としての役割を果たすことから，以下の2点を検討する。

1.　当事者として共通している「自己主張」「他児に賛成か反対」と　「妥協」の役割

　事例6-5では，クラス全員が当事者として，絵本のどこから読むかという問題を解決していく。その中で，シロウのように「途中からがいい」派と，リュウジのように「一番最初から読んだほうがいい」派に分かれている。レンもミホも各自に自分の主張を言い出した（5-1と5-2）。そして，シロウと

リュウジが「前読んだことあるかどうか」について意見を交わしていたところ，レンはシロウの意見に賛成し，「前読んだから，いいじゃない」と言った（5-3）。それに対して，ミホは「読んでないよ」と否定をした（5-4）。その後，シロウが「読んだよ。いなかったじゃ」という理由を説明し，ミホは「そうなの？」と聞き返したが，シロウの理由に納得した様子であった（5-5）。

事例 6-5　「どこから読むの？」

　外遊びから保育所に戻り，昼食の後に何をするか，当番をどのようにするかについて少し話し合って，そして，昼食の用意をする前にまだ時間があるから，少し休憩を取りながら，ご本を読む時間にした。

　山田先生一人が図書室に入り，みんなが図書室外の廊下で待っていた。そして，山田先生が「ヤンボウニンボウはどう？」とみんなに尋ね，「うんうん！」と子どもたちが楽しそう頭を頷き，ご本を待っていた。

　どこに座ろうかと，山田先生が考え，そして，他のクラスの邪魔にならないように，山田先生が 5 歳児クラスの物置の前に木の椅子を置き，先生は椅子の上に座った。みんなが山田先生の後につき，その場所に立っていたため，山田先生が椅子の場所を決めた後，子どもたちが山田先生を囲むように自分の立ち位置を捜していた。今日山田先生が読もうとしている『ヤンボウニンボウトンボウ』の本は，絵本ではなく，文字ばっかりであった。それに，ご本は結構の厚みがあって，どこから読むかが決まらなくて，みんながご本の近くに立ち，本をじっくりと見つめていた。そして，ご本のどこから読むかについて話し合いが始まった。

5-1	2893　ハル：（山田先生に向かって）これがいい
	2894　ミホ：（山田先生に向かって）うん，これがいい
	（中略）
	2901　シロウ：（山田先生に向かって）途中からがいい
5-2	2902　レン：（山田先生に向かって）読んでからでいい
	（山田先生が毎章のタイトルを棒読みのように，速いスピードで読み始めた）
	2903　山田先生：（全ての章のタイトルを読み終わって，山田先生が頭を上げて，みんなを見ながら）でもさ，これ全部つづきなんだよね，これは
	2904　リュウジ：（山田先生に向かって）じゃさ，一番最初から読んだほうがいい
	2905　山田先生：（リュウジに向かって）そう！面白いんだけど
	2906　シロウ：（リュウジに向かって）えっ？前読んだことある。「雪男」から

	2907	リュウジ：（シロウに向かって）読んでないよ
5-3	2908	レン：（リュウジに向かって）前読んだから，いいじゃない
5-4	2909	ミホ：（レンたちに向かって）読んでないよ
	2910	リュウジ：（レンたちに向かって）そうだよ
	2911	ユナ：（山田先生に向かって）サンタクローズ
	2912	シロウ：（リュウジたちに向かって）読んだよ。いなかったじゃ
5-5	2913	ミホ：（シロウに向かって）そうなの？
	2914	リュウジ：（シロウに向かって）読んでないよ
	2915	ユナ：（山田先生に向かって）サンタクローズ，サンタクローズ
	2816	リュウジ：（何を思い出したような表情で，全員に向かって）あっ！そっか！
	2917	山田先生：（全員に向かって）でも，これを全部読むのはすごく大変だから
	2918	シロウ：（全員に向かって）だから続きから
	2919	ユナ：（山田先生に向かって）いやだ，サンタクローズから
	2920	山田先生：（ユナに向かって）あのね，そうやって言っても，それは自分の意見をただ言ってる。「サンタクローズ，サンタクローズ」って言ってもサンタクローズを読めるのかしら？
	2921	ユナ：（山田先生に向かって）えっと
	2922	山田先生：（ユナに向かって）違うよね。
	2923	リュウジ：（山田先生に向かって）「消えたトンボウ」の次
5-6	2924	ミホ：（山田先生に向かって）うさぎのほうからいいよ
	2925	山田先生：（全員に向かって）じゃ，とりあえず「消えたトンボウ」を読んでみるね，じゃ，座ってって。話しが分かるかどうか聞いてね。（子どもたちが納得した様子で，山田先生の前に座り，山田先生は絵本を読み始める）

　この事例で，レンとミホは自分の主張を言うだけではなく，他児の意見に賛成したり，否定したり，また他児の意見によって妥協したりすることが見られた。レンとミホは当事者として，自分の権利をただ他児に譲るだけではなく，自分の意見を主張し，話し合いを進めることができた。

　しかし，レンとミホは，それぞれの表現や関与の言葉は異なる。レンは自分の考えを強く押し，「（リュウジに向かって）前読んだから，いいじゃない」とリュウジを説得しようとした。それに対して，ミホは「（レンに向かって）

読んでないよ」と言い出す一方，シロウの「（リュウジとミホに向かって）読んだよ。いなかったじゃ」という理由にも積極的に受け入れて，「（シロウに向かって）そうなの？」と確認しながら，納得し，最終的に妥協をした。

2. 「当事者として」のミホの「話し合いのルール維持」の役割

　事例6-6で，山田先生が5歳児たちに呼びかけ，当番について一緒に話し合いをしようとしている。その時，ミホが保育者代わりのように，山田先生の発話を復唱して，他の5歳児に呼びかけている姿が見られた（6-1）。また，その後も単独にリュウジに呼びかけしたり，山田先生の言葉を言い換えてリヴォイシングしたりすることが見られた（6-2と6-3）。これらのことから，ミホが5歳児クラスの話し合いのルールを維持する役割を果たしていると考えられる。

		事例6-6　「集まって」
		昼食の時間が近づき，当番について一緒に話し合うため，山田先生は5歳児たちに集まるように呼びかけている。しかし，男の子たちはみんなが集まっているところになかなか来なかった。
6-1	2554	山田先生：（全員に向かって）年長さん，年長さん
	2555	ミホ：（全員に向かって）<u>年長さん</u>
	2556	シロウ：はいはい！
	2557	山田先生：年長さんほかにいないよね？
	2558	レン：はいはい！
	2559	山田先生：年長さんはいないのね？ほかに
6-2	2560	ミホ：<u>リュウジ！！</u>
	2561	リュウジ：はい！
	2562	山田先生：年長さんはね，すぐね，パッとどこかで散ってしまうの，ね。
6-3	2563	ミホ：（全員に向かって）<u>集まってって言ってたんだよ</u>
		（後略）

　事例6-6では，ミホが山田先生の言葉をリヴォイシングすることが見られ

た。山田先生が「年長さん」と呼んだ後に，すぐにミホが「年長さん」と呼びかける。また，山田先生のリヴォイシングだけではなく，まだ集まってこないリュウジに直接に声をかけたり，山田先生の言葉を言い換えたりしていた。具体的に，山田先生の「年長さんはね…パッとどこかで散ってしまうの」という言葉表現と異なって，ミホはこの言葉をリヴォイシングするのではなく，「集まってって言ってたんだよ」と全員に山田先生の意図を説明した。ミホはクラスの問題の当事者でありがながらも，普通のクラスの一員とも少し違って，山田先生と5歳児たちの間のパイプ役としての行動や発言をしていた。

3.　本節のまとめ

　以上の2事例では，レンもミホも問題解決の当事者として，話し合いに参加し，自分の意見を主張しながら，他児とやりとりをして問題解決しようとした。特に，事例6-6で見られたミホの「話し合いのルール維持」の役割は，当事者と非当事者の立場も越えて，集団を意識している点で独特である。自分は集団の問題を解決する当事者の一人でいながら，他の5歳児と違う層に立ち，5歳児クラスのルールを維持しているように見えた。

第6節　役割のまとめと2名の比較

　以上の問題解決のための話し合いにおけるレンとミホの役割に関する分析をまとめて，2名の共通点や相違点を検討する（表6-5）。
　レンとミホは非当事者として，当事者に対して働きかけを行い，問題解決を進める姿が明らかになった。そのうち，レンは非当事者の感情に対する働きかけや，当事者の代弁があった。一方，ミホは非当事者に対する問題の状態の共有，当事者の気持ちの共有や，話し合いのルールの維持が見られた。つまり，2名の役割の相違点から，レンは問題を解決するため，「当事者に

表 6-5　異なる立場と発話の対象によるレンとミホの役割のまとめ

立場	発話の対象	レン	ミホ
非当事者として	当事者に対する働き	共通： (1)非当事者が自分の権利を当事者に譲る (2)当事者に主張を諦めるように説得する	
		(1)当事者の感情理解 (2)当事者の感情制御 (3)当事者の代弁による情報共有	
	非当事者間の働き		(1)ほかの非当事者と問題の状態を共有する (2)当事者の気持ち理解の共有
当事者として	当事者間の働き	共通： (1)自己主張 (2)他児に賛成か反対 (3)妥協	
			(1)話し合いのルールの維持

働きかけるタイプ」であり，ミホは「当事者だけでなく，集団にも働きかけるタイプ」であると考えられる。

　レンとミホだけではなく，5歳児クラスという小さな集団において，個々の5歳児は集団中に異なる役割を果たしていると考えられる。常に当事者に働きかけるレンと，クラス全体に目を配るミホと異なる役割があると考えられる。そのため，本研究が使用した分析の枠組みは，今後他の7人が果たした役割を検討することにも用いて，レンとミホの役割とどのように異なるかを明らかにすることができると考えられる。

　また，役割上の違いだけではなく，言葉の表現上でも，レンとミホの違いが見られた。レンは当事者に対して，性別によって言葉使いが異なることが見られた。例えば，同じ男児であるリュウジに対して，「ち，けち」の発話がある。また，男児のシロウに対して「硬いことじゃないよ，お前」のよう

に，男子同士の間で使う言葉を使っていた。それに対して，女児のユナやマオに対して，「(ユナが) 最初でもいいから，とにかくやろうよ」「減らしていいよ」のように，優しさがある言葉を使っていた。しかし，ミホは性別ではなく，場面によって，言葉使いが異なることが見られた。山田先生のパイプ役を果たす時，ミホの言葉が少し強気であり，「年長さん」「リュウジ！」「いいよ」「足りるから」のように，呼びかけや命令形が見られた。しかし，非当事者として，当事者に働きかける時，「ハルさん，次の時にアンカーにやったら。」「ユナ，アンカーでもいいから，やろうよ。」のように，柔らかな言葉を使っていた。つまり，レンとミホの発話から見ると，発話対象による言葉表現の違いと，立場による言葉表現の違いという異なることが見られた。

第7節　本章のまとめ

　本研究は5歳児クラスの問題解決のための話し合いに着目し，2名の5歳児が当事者及び非当事者として果たした役割に関して，以下の4点を明らかにした。

　第1に，「個と個の問題」や「個と集団の問題」を解決するための話し合いにおいて，非当事者として，当事者に働きかけ，当事者が権利や主張を諦めるように説得する役割だけではなく，当事者の感情面に関する役割を果たした。第2に，「個と集団の問題」の場合，5歳児が他の非当事者と問題の状況や当事者の気持ちを共有していたことが明らかになった。第3に，当事者として，「集団の問題」を解決するために，話し合いにおいて，意見の主張，他児に対する賛成か反対かの立場の表明，またルールの維持のような役割が見られた。第4に，2名の5歳児の相違点を比較し，問題を解決するため，レンは「当事者に働きかけるタイプ」で，ミホは「当事者だけでなく，集団にも働きかけるタイプ」であることが見出された。

　そして，5歳児が問題解決のためのクラスの話し合いにおいて，以上のような役割を果たす背景を，4点をあげたい。第1に，5歳児段階に獲得できる他児の心を理解する能力によって，当事者および非当事者の角度から問題を見ることができ，多様な相手に対して多様な役割を果たすことができると考えられる。クラスの他の5歳児と比べて，レンとミホはより高度な他児の心を理解する能力を持っていると推測できる。第2に，他児への理解や思いやりだけではなく，5歳児自身の自己制御能力の獲得も重要である。なぜなら，自己制御能力によって，問題の誘発を避けるだけではなく，当事者である場合，他児の意見をよく聴き，そして話し合って，主張と譲歩を調整することにより折り合いをつけて合意に達することが可能になる。例えば事例6-1では，レンもミホも，自分の主張を言う時，自分の前に言った幼児の意見を尊重するという意識を持ち，自己制御して発話していたと考えられる。第3に，話し合いにおける保育者の発話だけではなく，クラスの5歳児の発話も「聴く力」が重要である。クラスの話し合いで問題を解決していくため，他者の発話を聴いたり，考えたりしながら，意見を交わす必要があると考えられる。そのため，「聴く力」は話し合いに参加する基礎であり，不可欠な能力であると考えられる。第4に，保育者の支援も重要であり，特に5歳児の主体的な解決を尊重しながら，話し合いで問題を解決する環境の提供が重要であると示唆された。クラスで問題を解決することにより，当事者と非当事者両方の立場に立つことができ，多様な経験を積むことができると考えられる。また，話し合いを通して，当事者の気持ちを理解する機会もあり，他者とのやりとりによって自己調整する経験もできる。

　5歳児段階では，このような問題を解決するための話し合いを行うことによって，5歳児の関係性の形成，社会的なスキルの獲得によい影響を与えるだけではなく，順調な幼小移行にも役に立つと考えられる。本研究の事例から，5歳児は当事者としてだけではなく，非当事者としての立場でも，多様な視点から問題を見て，多様な働きを行っている様子が明らかになった。こ

れは問題解決の方略の獲得だけではなく，他者への関心を持ち，他者と協力し合う姿勢を示したと考えられる。このような保育経験は，小学校における他者と協同し合うグループ活動の良い基礎を形成すると言えるだろう。また，問題をただ解決するではなく，他児の気持ちや感情を理解し，共有するような役割を果たせる5歳児の存在は，小学校へ移行した後に，新しいクラス関係を築く際の重要な鍵を握る存在になるであろう。最後に，5歳児が「自分の前に言った幼児の意見を尊重するという意識」や「話し合いのルール」など，集団に関するルールの意識の芽生えを示したことが明らかになった。このことは小学校の教室ルールへの適応にも役に立つと考えられる。

　話し合いにおいて5歳児が多様な役割を果たせる姿や助け合う姿から，5歳児が持つ力が明らかになった。そこで今後は，保育施設での生活経験を持っている子どもの力を理解した上でこのような経験や力を生かしながら，また，保育施設から小学校に入り活動形態が変化しても，小学校の学習や生活とつなげていけるカリキュラムや活動を作るべきだろう。

　しかし，5歳児段階においては，レンやミホのように，当事者の5歳児に多様な働きをしていても，問題解決に至らなかったことが見られた。その時には，保育者の支援が必要になるが，こうした保育者との支援の関係性は，十分に検討を行うことができなかった。

第4部　問題解決の話し合い場面における保育者の支援

第7章　問題解決の話し合いにおける保育者の言語的な支援の特徴

　本章では，5歳児クラスの問題解決タイプの話し合い場面において，山田先生の支援の特徴及び変容を捕らえるため，①山田先生の発話の形式，②山田先生の発話の機能の分類，③山田先生の発話の機能のカテゴリーをさらに抽象化し上位カテゴリーに分類する，④事例分析を含め検討する。

第1節　本章の目的

　本章では，5歳児クラスの問題解決タイプの話し合い場面において，山田先生の支援の特徴及び変容を把握することを目的としている。

　Ehrlich（2011）は観察を通して問題解決のための話し合い場面の発話を分析した結果，保育者がいない場面と比べると，保育者が参加していた話し合い場面では，話し合いが長く続き，文脈に沿い，抽象的な話題に集中することができたと報告している。また，遊園地作りという協同活動を行った際のグループでの話し合いに着目した研究では，保育者はイメージを具体的に方向付けるような働きかけをすることや，活動進行を調整する役割や相手の話を聞く姿勢を促す役割などを担う発話を行うと報告されている（斎藤・無藤，2009）。キャンプの目当てを決めるグループでの話し合い場面では，年長児が伝えられるように，考えられるようにという二つの目的を達成するために保育者が言語的に支援したと報告している（久保田，2012）。つまり，従来これらの研究のように，保育者の言語的な支援の効果や結果に着目されている研究が多かった。しかし，5歳児の話し合いの質を左右するのは，保育者が提案や共有をする時の言葉の使い方である（Siraj-Blatchford & Sylva, 2004）と

いう結果も報告されている。すなわち，保育者の言語的な支援だけに着目するだけではなく，保育者が言語的な支援を行っている時に，どのような言葉を使われているかが重要である。そこで，本章では，保育の実践において，保育者はどのような発話形式を使われているかという言語的な支援の実態をまず明確にしたい。さらに，保育者の発話形式とその発話が果たしている機能を合わせて検討を行うことで，より保育の実践と結び，話し合いをどのように進めていったのかを明らかにする。

　そこで，本章は第 1 に，「問題解決の話し合い」場面に着目し，クラス全員が参加し，特定の問題を解決する時，山田先生の支援の特徴を把握するため，山田先生の発話の形式を検討する。第 2 に，山田先生の発話の形式のみではなく，山田先生の発話が話し合いに果たした機能も検討し，カテゴライズする。第 3 に，本章はさらに山田先生の「支援の目的」と「支援の内容」という 2 つの分類を加えて，山田先生の発話をより構造的に検討を行う。

第 2 節　方法

　対象クラスと対象児，観察の期間・場面，観察記録の作成方法などは，第 2 章第 1 節で述べた通りである。また，時期的な変容についても，第 2 章第 3 節で述べた通りである。山田先生の発話の特徴，発話の機能の検討について，本章では以下の手順で行った。

①山田先生の発話の形式

　山田先生の発話の特徴を検討するため，まず山田先生のすべての発話を抽出した（計 530 発話）。また，山田先生に対するインタビューから，山田先生は問題解決のための話し合いにおいて，「5 歳児が主体的に問題を解決する」，及び「話し合いでクラス一緒に問題を解決する」というねらいを持ち，支援を行った。また，山田先生の発話の特徴に関して，先行研究では，保育者が

ポジティブな質問（開かれた質問や探究的な質問など）を使用すると，子ども
が推測で判断すること（間違いをすることもあるが）によって話し合いへの参
加を促進することに効果的であり，さらに話し合いを SST（Sustained Shared
Thinking）に発展する可能性があると報告されている（Siraj-Blatchford &
Manni, 2008）。

　さらに，保育施設における SST 活動に対する支援を評価するスケールに
おいて，保育者が幼児の言葉の意味を確認しようとする時，幼児の言葉を繰
り返したり，言い換えたりすることも，高く評価され，それは子どものコ
ミュニケーションを支え，さらに子どもたちのコミュニケーションを広げる
ことに役に立つと考えられている（Siraj-Blatchford et al., 2015）。そこで，本
章はまず先行研究を参照しながら，山田先生の発話の形式をボトムアップで
カテゴライズする。山田先生の発話を「質問」だけではなく，「復唱，言い
換え」，「文の完成」，「呼びかけ」，「注意」，「新しい内容，やり方の提示」，
「回答」という計 7 つのカテゴリーにまとめることができた（表7-1）。カテ
ゴリーの一致率は 89.47 ％（著者と同じ大学院での教育心理学を専門とする院生と
計算した）。

②山田先生の発話の機能の分類

　本章はボトムアップで山田先生の発話の形式を分類し，さらに山田先生の
発話の機能を検討しようとした。その時，山田先生の発話の形式のカテゴ
リーに基づき，発話の機能をボトムアップで分析したが，山田先生の発話の
1 つの形式において，異なる機能を果たしたことが見られた。そのため，発
話の機能を発話の形式を合わせてカテゴライズをした（表7-2）。一致率を算
出すると，82.61 ％であった（著者と同じ大学院での教育心理学を専門とする院生
と計算した）。

表 7-1　山田先生の発話の形式のカテゴリーとその定義および例

	カテゴリー	定義	例
1	質問	1人の5歳児あるいはクラス全員に質問をする	671　山田先生：アンカーがやりたいの。 672　ミホ：みなに見せてあげてよ。上手にね。 673　山田先生：誰か今回アンカーやるの？ 674　ハル：はい！ 675　山田先生：ハルさ，次の時でもいいでしょう。
2	復唱，言い換え	1人の5歳児の発話をそのまま復唱したり，言葉を変えて言い換えたりする	1555　山田先生：でね。じゃ，みんな，向かってみたときに，はい！土の中はどこだったけ？ 1556　ユナ：(しゃがみこんで，土の中の一つのところに指して) ここ。 1557　ミホ：ここら辺。(土の広い範囲を両手で広げて示して) 1558　全員：ここら辺。 1559　シロウ：ここの線のところ！ 1560　山田先生：あ！今。 1561　ユナ：線のところ 1562　山田先生：シロウが，最初に言ったこと，線のところ，だね。
3	文の完成	1人の5歳児の断片的な言葉を完全な文にする	2111　山田先生：何かを入れる。うんうん！ 2112　リュウジ：心に，なんか 2113　マオ：やさしい気持ち 2114　山田先生：やさしい気持ちをもつ？ 2115　レン：やさしい気持ちをもつ
4	呼びかけ	5歳児の名前，間投詞で呼びかけ	2554　山田先生：年長さん，年長さん 2555　ミホ：年長さん 2556　シロウ：はいはい！
5	注意	5歳児の言葉や行為に注意をする	1529　ユイ：もうちょっとさ。(言いながら絵のロールを持って行っちゃった) 1530　レン：(ユイに向いて) 破れるよ！ 1531　山田先生：ごめん，ユイも，まだ広げて欲しくないのよ。
6	新しい内容，やり方の提示	新しい内容や新しいやり方が含まれている発話をする	2615　山田先生：このままの顔でいいか？別のカッコがいいか？ 2616　レン：別のカッコがいい！ 2617　山田先生：あと，荒馬とか。
7	回答	5歳児の質問に回答する	623　ハル：山田先生，読んでいい？ 624　山田先生：まだまだ。

表7-2　山田先生の発話の形式と発話の機能

発話の形式	発話の機能	発話の機能の定義
質問	意味の推測	5歳児の言葉の意味を推測し，確認の質問をする
	参加の確認	話し合いの内容を聞いているかどうかを確認するための質問をする
	思考促進	5歳児（たち）の思考を促進するために，質問をして，考え方・思考の方向性などを提供する
	問題を気づかせる	解決するべき問題を気づかせるために質問をする
	内容を促進する	話し合いの内容を促進するために質問をする
復唱，言い換え	意味の確認	5歳児のことばの意味を確認するために復唱したり，言い換えたりする
	気付きと共有（注7-1）	復唱や言い換えによって5歳児の言葉を他の5歳児に気づかせ，そして共有する
	話題の持続	話題を絶やさないために5歳児の言葉を復唱したり言い換えたりする
文の完成	見本の提示	5歳児の断片的な言葉や単語を完全の文にして，文の見本を提示する
呼びかけ	参加へ誘う	5歳児やクラス全員に呼びかけ，話し合いに参加するように求める
注意	聴く姿勢を注意する	話し合いと関連しない言葉や行動をする5歳児に「聴く」ように注意をする
新しい内容，やり方の提示	例を挙げる	新しい内容・やり方を含む例を挙げる
	内容を深める	話し合いの内容を深めるために，新しい内容・やり方を提示する
	解決策の提案	問題を解決するための解決策を提案する
回答	発話を受け止める	5歳児の質問や発話に回答し，受け止める

③山田先生の発話の機能のカテゴリーをさらに抽象化し上位カテゴリーに分類する

　先行研究において，保育者の言語的な支援の機能が検討されている。例え

ば，斎藤・無藤（2009）が遊園地作りという協同活動を行った際のグループ
話し合いに着目した研究では，保育者は「イメージを具体的に方向付ける」
ような働きかけをすることや，「活動進行を調整する」役割や「相手の話を
聞く姿勢を促す」役割などを担うと報告されている（斎藤・無藤，2009）。
キャンプの目当てを決めるグループでの話し合い場面では，年長児が「伝え
られるように」，「考えられるように」という二つの目的を達成するために保
育者が言語的に支援したと報告している（久保田，2012）。つまり，以上の先
行研究から，保育者は話し合い場面において，「イメージを方向付ける」，
「活動進行を調整する」と「相手の話しを聞く姿勢を促す」という支援の機
能が言及される。また，支援の目的は「伝えられるように」と「考えられる
ように」という2つの支援の目的が報告されている。

　すなわち，保育者の言語的な支援が働く「機能」以外に，保育者が支援す
る「目的」があると示唆されている。そこで，本章も，保育者が行なわれて
いる支援にどのような「目的」があるのかをまず検討する。そして，表7-2
で示されている山田先生の言語的な支援の機能を分類してみると，5歳児が
話し合いに参加するための支援と話し合いが展開していくための支援，2種
類に分類することができた。そして，筆者は前者を「話し合いへの参加の支
援」とし，後者を「話し合いの展開への支援」とした。また，斎藤・無藤
（2009）が報告されている3つの言語的な支援の機能も，本章の分類の仕方で，
この2つの上位のカテゴリーに属することができると考える。

　また，斎藤・無藤（2009）が報告されている3つの言語的な支援の機能に
おいて，「相手の話しを聞く姿勢を促す」という機能は，「話し合いへの参加
の支援」という保育者が支援する目的のカテゴリーに属する。しかし，「話
し合いへの参加の支援」というカテゴリーにおいて，他にも幾つかのサブカ
テゴリーがあると考えられるため，本章は，さらに上位の「話し合いへの参
加の支援」というカテゴリーを具体的に分類することにした。

　そして，山田先生の「話し合いへの参加のための支援」のサブカテゴリー

表7-3　山田先生の発話の機能，支援の目的と支援の内容の分類

支援の内容	支援の具体的な内容	発話の機能
話し合いへの参加のための支援	話すことへの支援	意味の確認
		意味の推測
		見本の提示
	聴くことへの支援	気付きと共有
		参加へ誘う
		参加の確認
		聴く姿勢を注意する
	思考への支援	思考促進
		例を挙げる
	応答的なかかわりへの支援	発話を受け止める
話し合いの展開への支援	話し合いの開始への支援	問題を気づかせる
	話し合いの内容への支援	内容を促進する
		内容を深める
		話題の持続
	話し合いの結論への支援	解決策の提案

を，「話すことへの支援」「聴くことへの支援」「思考への支援」「応答的なかかわりへの支援」と名前を付けた（表7-3）。

　また，山田先生の「話し合いの展開への支援」のサブカテゴリーを，「話し合いの開始への支援」「話し合いの内容への支援」「話し合いの結論への支援」という3つの上位カテゴリーへと分類した（表7-3）。

　「話し合いへの参加の支援」と「話し合いの展開への支援」のサブカテゴリーを全体的に「支援の内容」と呼ぶ。

④事例分析

　山田先生の発話が5歳児の話し合い場面でどのような機能を果たしている

かを具体的な事例に基づき，検討する。

第3節　保育者の発話の形式・機能カテゴリー別の発話数（比率）

　本節は，まず，山田先生の発話の形式とその機能を合わせて分析を行い，山田先生の発話の特徴を明らかにする。第2節の方法の①と②に従い，山田先生のすべての発話から，支援の機能を果たした発話をさらに抽出し，発話の形式と発話の機能別に発話数をカウントした（表7-4）。また，支援の機能を持つ発話の総発話数を100％にして，発話の機能別の発話数の比率を算出

表7-4　山田先生の支援の機能を持つ発話の形式・機能別の発話数（比率%）

発話の形式	発話の機能	発話数（比率%）
質問	意味の推測	14（4.98）
	参加の確認	14（4.98）
	思考促進	8（2.85）
	問題を気づかせる	20（7.12）
	内容を促進する	91（32.38）
新しい内容，やり方の提示	例を挙げる	17（6.05）
	内容を深める	40（14.23）
	解決策の提案	13（4.63）
復唱，言い換え	意味の確認	3（1.07）
	気付きと共有	13（4.63）
	話題の持続	3（1.07）
注意	聴く姿勢を注意する	18（6.41）
呼びかけ	参加へ誘う	10（3.56）
回答	発話を受け止める	9（3.20）
文の完成	見本の提示	8（2.85）

した。

　表7-4のように，山田先生の発話の形式別の発話数をカウントした結果，山田先生が一番多く使っている発話の形式は「質問」であった（52.31%）。次に使われているのは「新しい内容，やり方の提示」であり（24.91%），続いているのは「復唱（6.77%）」と「注意（6.41%）」であった。そして，先行研究で言及されていなかった「新しい内容，やり方の提示」「注意」「呼びかけ」「回答」という発話の形式も見られた。

　次に，山田先生の発話の機能を見ると，「内容を促進する（32.38%）」と「内容を深める（14.23%）」という2つの機能が一番多く見られた。すなわち，山田先生の言語的な支援の機能において，5割近くは話し合いの内容に関する支援であることが明らかになった。それは，5歳児のみで話し合いを進めることの困難性も示唆されている。

　また，同じ「質問」の形でも，異なる5つの発話の機能を持っていたことが明らかになった。すなわち，異なる文脈において，異なる機能の質問が用いられたこと。山田先生の質問は，「内容を促進する」の機能を果たすものが一番多く使われた（32.38%）。「新しい内容・やり方の提示」では，山田先生は話し合いの「内容を深める」ために，新しい内容・やり方を5歳児たちに提示した（14.23%）。他に，同じ「復唱・言い換え」の形においても，3つの異なる機能が発見された。山田先生は5歳児の言葉を「気付きと共有」するために一番多く復唱したり，言い換えたりした（4.63%）。

　先行研究では，保育者が幼児の言葉の意味を確認しようとする時，幼児の言葉を繰り返したり，言い換えたりすることが高く評価され，それは子どものコミュニケーションを支え，さらに子どもたちのコミュニケーションを広げることに役に立つと考えられている（Siraj-Blatchford et al., 2015）。本節の結果においても，その研究と同じく，山田先生が5歳児の言葉の意味を確認するために復唱や言い換えすることが見られた。また，小学校教室において，教師のリヴォイシング発話が，児童の「聴くという行為」に影響する（一柳，

2009）ことが指摘されている。この指摘をもとに考えると，山田先生が 5 歳児の言葉を復唱したいり，言い換えたりして，その考えを共有することも，また 5 歳児たちの「聴くという行為」への支援ではないかと推察する。

　本節では，山田先生の発話の形式を分類し，発話数をカウントし，実際に保育の場で使われている山田先生の発話の形の一部を検討した。しかし，REPEY（Researching Effective Pedagogy In Early Years）の研究では，観察された保育者の質問において，わずか 5.5 ％の開いた質問（open ended question）を使っていた（Siraj-Blatchford & Manni, 2008）。本章も，山田先生の「質問」に着目し，分析を行う必要性があると考えられる。

　また，発話の表面の特徴である「形式」だけではなく，クラスの話し合いの文脈に含まれている「機能」も加えて検討し，同じ形式の言葉でも，幾つかの機能の存在が明らかになった。また，山田先生の発話の機能を見ると，単に独立している機能ではなく，関連性も存在しているのではないかと考えられ，第 4 節にその関連性を検討する。

第 4 節　保育者の支援の目的と内容に関する分析

　第 3 節で検討された山田先生の発話の形式とその機能という分類の仕方と異なって，本節は方法③のように支援の目的と支援の内容を加えて，検討を行う（表 7-5）。

　まず，表 7-4 のように，山田先生が「話し合いへの参加のための支援」「話し合いの展開への支援」を行った発話は計 281 発話であった（全体の発話の 53.02 ％）。

　その中で，「話し合いへの展開の支援」は「話し合いへの参加のための支援」より多く見られた（59.43 ％と 40.57 ％）。特に，山田先生は話し合いの内容を進めるために「質問（促進の質問）」という発話が一番多く使用していた（32.38 ％）。また，同じ話し合いの内容への支援で「新しい内容，やり方の提

表7-5　山田先生の発話の形式と機能，支援の目的と方向および発話形式別の発話数（比率％）

支援の目的	支援の内容	発話の機能	発話の形式	発話数（比率％）
話し合いへの参加のための支援	話すことへの支援	意味の確認	復唱，言い換え	3 (1.07)
		意味の推測	質問	14 (4.98)
		見本の提示	文の完成	8 (2.85)
	聴くことへの支援	気付きと共有	復唱，言い換え	13 (4.63)
		参加へ誘う	呼びかけ	10 (3.56)
		参加の確認	質問（確認）	14 (4.98)
		聴く姿勢を注意する	注意する	18 (6.41)
	思考への支援	思考促進	質問	8 (2.85)
		例を挙げる	新しい内容，やり方の提示（仮設の例）	17 (6.05)
	応答的な関わり	発話を受け止める	回答	9 (3.20)
話し合いの展開への支援	話し合いの開始	問題を気づかせる	質問（呼びかけ）	20 (7.12)
	話し合いの内容	内容を促進する	質問（促進）	91 (32.38)
		内容を深める	新しい内容，やり方の提示	40 (14.23)
		話題の持続	復唱，言い換え	3 (1.07)
	話し合いの結論	解決策の提案	新しい内容，やり方の提示（提案）	13 (4.63)

示」という発話を用いて，内容を深めるための発話もより多く見られた（14.23％）。つまり，話し合いの展開への支援が多く行なわれている山田先生は，話し合いの内容を促進したり，深めたりする支援が多かった。それは，SST でも提唱されている支援の仕方であり（Siraj-Blatchford et al., 2015），山田先生の実践でもこのような支援の仕方が見られた。

　また，山田先生が5歳児の「聴く」への支援が全体の2割近くを占めているため，すなわち，5歳児が話し合いに参加し，「聴き合える」という集団のコミュニケーションにおける関係性を作るような支援を行ったことが推察できる。

　山田先生の発話の形式が同じであっても，異なる発話の機能によって，山田先生は異なる支援の目的から，異なる支援の内容を提示して話し合いにおける5歳児たちの応答を支援していることを推察できる。それは，言語的な支援の形に留まらないことや，発話の形式の機能のつながりを示唆している。

第5節　保育者の発話の特徴に関する事例分析

　山田先生の発話を「形式」だけではなく，その発話が果たした機能の検討を行った。本節では，以下の事例を挙げて山田先生の発話の形式と機能及びその支援の内容を説明する。事例1は5歳児たちが劇の道具について話し合っている場面である。

事例1　（11月）

　天気がいいので，今日の午前中では，保育園の全てのクラスが交代で外に散歩へ出ている。5歳児クラスはグラウンドの鉄棒のところで少し遊び，先月の運動会でのことを思い出しながら楽しく話し合っていた。そして，鉄棒の近くの，高い木が何本か生えている道にたどり着き，みんながこれからやる「魔法の笛」という劇のことを思い出して，その劇に出てくる歌を何人が歌い始めた。山田先生も5歳児たちと一緒に歌ったり，劇のことについて話したりしていた。

　そして，路上で木の枝や葉っぱなどを拾い，みんなが劇の道具や弓などを作りながら色々話し始めた。

（前略）

1170　山田先生：（リュウジに向かって）あ～すごい！何つけるの？ゆみ？でも，それは重いもんね。（そして全員に向かって）何かうまく籠が作れないかな？（枝を捜している様子）①

1171　リュウジ：（山田先生に向かって）籠

1172　ユナ：（山田先生に向かって）ユナちゃん，これで弓作る！（言いながら山田先生に接近する）

（中略）

1179　ミホ：（山田先生に向かって）こうやって，こうやって，籠

（レンとユイは自分の枝を拾おうとしている。そしてミホ，ハルとマオが山田先生

のすぐそばに立つように山田先生に接近し，山田先生は子どもたちと話しながら籠を作ろうとしている。）

1180　マオ：（山田先生に向かって）でもさ，でも，籠まだいらなかった。
1181　ハル：（山田先生に向かって）作ったことあるよ。うちで。
（中略）
1195　シロウ：（全員に向かって）あの，それで周りで，ぐるぐる回っていくと
1196　山田先生：（全員に向かって）<u>組み合わせるってね。②</u>
1197　シロウ：（山田先生に向かって）そうそう！
（中略）
1201　山田先生：（全員に向かって）<u>みんな作ってみる？③</u>
1202　全員：（山田先生に向かって）うん！
（中略）
1211　山田先生：（ミホとハルが拾ってくれた枝をもらい，幾つかの枝を絡めてみて，全員に見せながら）<u>こうやって絡めていけば（枝を絡めて），こうやってさ，籠っぽくなってきたよね。④</u>
1212　ユイ：（山田先生そばにたち，山田先生に向かって）これ籠？
1213　山田先生：（ユイに向かって）<u>そう！でも分からない，あ！落ちちゃう。⑤</u>
（中略）
1216　ユイ：（山田先生に向かって）これで大丈夫なの？
1217　ミホ：（ユイに向かって）どんどん絡めて行くから
（後略）

　この場面では，山田先生はクラス全員が話し合いの問題に気付かせ，話し合いへ参加することを誘っている（①）。それに対して，山田先生の質問に積極的に反応を示すリュウジ，ミホとハルと山田先生の質問に反対しているユナとマオの姿が見られた。山田先生はシロウなどの言葉を言い換え，正しい言葉表現の見本を示し，話題を持続するように支援した（②と④）。また，山田先生はまだ参加していなかった5歳児を話し合いへの参加するために呼びかけをしていた（③）。ユイの疑問に応答し，山田先生は籠作りの難しいところも5歳児に示し，思考を促進し，話し合いの内容を深めるために支援した（⑤）。

　このように，山田先生の発話によって，より多くの5歳児を話し合いに参加するように，また，「どのように籠をつくるか」について，5歳児たちの

「話す」と「思考」に関する支援を行っている。また，話し合いの展開への支援では，話し合いを開始し，参加することを促すことと合わせて，話し合いの内容が展開するような支援を行っていた。

第6節　保育者の支援による話し合い内容の発展

　本節では，第5節と同じ，事例を取り入れて，山田先生の言語的支援によって，話し合いの内容がどのように発展していくかという角度から検討を行う。実際に「話し合いの内容への支援」という支援の内容のカテゴリーにおいて，質問で「内容を促進する」，新しい内容，やり方の提示で「内容を深める」と，復唱・言い換えで「話題を持続する」という山田先生の発話の形式と機能が分類された。しかし，カテゴリーだけを見ると，山田先生が具体的にどのような言葉をかけ，そして，5歳児たちはそのような支援を受け，どのような応答をして，話し合いはどのように進めていたのかという点は見えて来ない。本節は，さらに事例を具体的に検討することによって，山田先生の言語的な支援は，どのように話し合いの内容を発展させているか，また5歳児たちの反応も含め，検討を行う。

　また，本節は異なるテーマの話し合い場面ではなく，話し合い場面のテーマは同じく「計画」である事例7-1と事例7-2を取り上げ，山田先生が2つの事例における支援の相違を検討する。

1.　事例7-1の検討

　本事例は，保育室内で全員がちゃんと座って話し合っている場面ではなく，全員が外で散歩しながら話し合っている場面である。その場合，5歳児は山田先生の周りに集まっていたが，自分が言いたいことを言ったり，やりたいことをやったりしていた。ちょうどみんなが劇の役や劇で使う道具などを作るという話題を話し合っているところ，山田先生は劇で使う籠をどのように

作ったらいいかという問題を提出した。

事例 7-1　（11 月）

　天気がいいので，今日の午前中では，保育園の全てのクラスが交代で外に散歩へ出ている。5歳児クラスはグラウンドの鉄棒のところで少し遊び，先月の運動会でのことを思い出しながら楽しく話し合っていた。そして，鉄棒の近くの，高い木が何本か生えている道にたどり着き，みんながこれからやる「魔法の笛」という劇のことを思い出して，その劇に出てくる歌を何人が歌い始めた。山田先生も5歳児たちと一緒に歌ったり，劇のことについて話したりしていた。

　そして，路上で木の枝や葉っぱなどを拾い，みんなが劇の道具や弓などを作りながら色々話し始めた。

	（前略）	山田先生	5歳児
1	1170　山田先生：（リュウジに向かって）あ〜すごい！何つけるの？ゆみ？でも，それは重いもんね。（そして全員に向かって）<u>何かうまく籠が作れないかな？（枝を捜している様子）①</u> 1171　リュウジ：（山田先生に向かって）籠	①問題提出	
2	1172　ユナ：（山田先生に向かって）<u>ユナちゃん，これで弓作る！（言いながら山田先生に接近する）②</u> 1173　山田先生：（ユナに向かって）うん？ 1174　ユナ：（全員に向かって）ちょっと折れてるから弓に見える（言いながら山田先生から離れ，ナナコとマオの方に向かう）		②弓を作る
3	1175　山田先生：（全員に向かって）<u>どうやって鳥籠が作れると思う？</u>（何個の枝を拾って，やってみている）③	③問題を再提出	
4	1176　ミホ：（山田先生に向かって）<u>あ！分かった！あのね！（言いながら山田先生に接近する）④</u> 1177　シロウ：（山田先生に枝を渡そうとしている）山田先生，ここ，折って，ここ。 1178　山田先生：（シロウに向かって）頑張って折ってみて。 1179　ミホ：（山田先生に向かって）<u>こう</u>		

4	やって，こうやって，籠④ （レンとユイは自分の枝を拾おうとしている。そしてミホ，ハルとマオが山田先生のすぐそばに立つように山田先生に接近し，山田先生は子どもたちと話しながら籠を作ろうとしている。） 1180　マオ：（山田先生に向かって）でもさ，でも，籠まだいらなかった。	④ミホ：手で動きを表現し説明する
5	1181　ハル：（山田先生に向かって）作ったことあるよ。うちで。⑤ 1182　山田先生：（全員に向かって）え〜〜 1183　ハル：（山田先生に向かって）先生が作ってたのを見てた。	⑤ハル：作った経験を述べる
6	1184　山田先生：（全員に向かって）こういうのか，何かさ⑥（枝を片手で持っている） 1185　ハル：（山田先生に向かって，山田先生が握っている枝を指で指し）こういうの	⑥作る材料（枝）を提供
7	で，うちが，こっち側も⑦（山田先生の片手で握っていない方向で円状を描いて）	⑦ハル：横の方向を説明
8	1186　山田先生：（全員に向かって）ね，横とかさ。蔓（つる）みたいのがあったら⑧ （リュウジもシロウは山田先生とハルの間に立ち，山田先生に応答しようとしている。） 1187　ハル：（山田先生に向かって）蔓みたいの 1188　ミホ：（山田先生に向かって）蔓ならできるよ。 1189　シロウ：（山田先生に向かって）分かった！ 1190　山田先生：（シロウに向かって）うん？ 1191　シロウ：（山田先生に向かって）いいこと思いついた。 1192　山田先生：（シロウに向かって）うん。 1193　シロウ：（山田先生に向かって）そういうのを，探して（蔓）	⑧作る材料（蔓）を提供

	1194　ミホ：（シロウに向かって）分かった！		
9	1195　シロウ：（全員に向かって）あの、それで周りで、ぐるぐる回っていくと、⑨		⑨シロウ：作る方法を提案
9	1196　山田先生：（全員に向かって）組み合わせるでね。⑨	⑨シロウの言葉を「組み合わせる」と言い換え	
	1197　シロウ：（山田先生に向かって）そうそう！		
10	1198　ミホ：（全員に向かって）こうやって切って、詰めて。⑩	⑩ミホの言葉を言い換え	⑩ミホ：作る方法を提案
	1199　山田先生：（全員に向かって）編んできたらと言ってる？⑩		
10			
	1200　ミホ：（山田先生に向かって）（頷く）うん。		
11	1201　山田先生：（全員に向かって）みんな作ってみる？⑪	⑪問題を再提出	
	1202　全員：（山田先生に向かって）うん！		
	1203　ミホ：（全員に向かって）そしたらさ		
12	1204　ハル：（山田先生に向かって）ハル		
	1205　ミホ：（全員に向かって）今日誰がパパゲーノで、捕まえに行く⑫		⑫劇の役割
12	1206　山田先生：（全員に向かって）で、		
	1207　ユイ：（ミホに向かって）ユイ、パパゲーノ！⑫		
	（中略）		
	1211　山田先生：（ミホとハルが拾ってくれた枝をもらい、幾つかの枝を絡めてみて、全員に見せながら）こうやって絡めていけば（枝を絡めて）こうやってさ、籠っぽくなってきたよね。⑬		
13		⑬作る方法（絡める）を提供	
	1212　ユイ：（山田先生そばにたち、山田先生に向かって）これ籠？⑭		
14			⑭ユイ：形に対する疑問
	1213　山田先生：（ユイに向かって）そう！でも分からない、あ！落ちちゃう。		
	1214　ミホ：（山田先生に向かって）間に。		
	1215　山田先生：（全員に向かって）こう		

	やって，どんどん絡めていったら，絡まってきたよ。鳥の巣になってきたけど，はは〜（笑う）でも，それもいいかも		
15	1216　ユイ：（山田先生に向かって）<u>これで大丈夫なの？</u>⑮		⑮ユイ：籠の強度に対する疑問
	1217　ミホ：（ユイに向かって）どんどん絡めて行くから		
	1218　山田先生：（全員に向かって）うん。いっぱい，いっぱい持って来て。		
	1219　ユイ：（山田先生に向かって）はい！		
	1220　ミホ：（山田先生に向かって）ここに挿す，あ，落ちちゃう		
16	1221　山田先生：（全員に向かって）<u>まっすぐじゃなくて，いろいろ，こうぐちゃぐちゃしたり，絡まったようなの</u>⑯	⑯材料の形	
	1222　ミホ：（全員に向かって）ぐちゃぐちゃの		
	1223　ユイ：（枝を取りきって，山田先生に向かって）これやって		
	（3 人は鳥籠を作り始めて，他の人は手を出してない様子）		
17	1224　ユイ：（山田先生に向かって）<u>横にどんどん入れたら？</u>⑰		⑰ユイ：作る方法（横に入れる）
18	1225　山田先生：（ユイに向かって）<u>けど，歩いたらどんどん崩れてきた。どうやったらうまくいくかな？</u>⑱	⑱問題を具体化	
	1226　ナナコ：（山田先生に向かって）作りたい。		
	1227　シロウ：（山田先生に向かって）ね，山田先生，山田先生，いいこと思いついたさ。あのさ		
	1228　ミホ：（山田先生に向かって）こうさ，（両手で丸い円を描いて）		
19	1229　シロウ：（山田先生に向かって）<u>鳥の籠じゃなくてもさ，草でもいいんじゃない？</u>⑲		⑲作る材料(草)

20	1230　山田先生：（シロウに向かって）<u>あ〜最終的にはね。でも骨組み何かね，固いのじゃないと⑳</u>	⑳骨組み	
	1231　ミホ：（山田先生に向かって）そう！		
21	1232　レン：（山田先生に向かって）<u>糸とか，紐とか㉑</u>		㉑レン：作る材料（糸，紐）
22	1233　ミホ：（山田先生に向かって）いいこと考えた！<u>曲がったやつ組んだら？㉒</u>		㉒ミホ：作る材料（曲がったやつ）
22	1234　山田先生：（ミホに向かって）そうなんだけどね。今，曲がったような感じの（周りを見て）<u>もともと曲がっていう感じのを組むの？㉒</u>		
	1235　ミホ：（山田先生に向かって）そう！		
	1236　山田先生：（ミホに向かって）あ，なるほどね。		
23	1237　ミホ：（山田先生に向かって）<u>木の鏡みたい。こういうふうになって（横じゃなくて，縦側に積み上げたような円状を手で描いて）㉓</u>		㉓ミホ：籠の形（木の鏡）
	1238　山田先生：（ミホに向かって）そうそう！そういうふうになっていきたいよね。		
24	1239　ミホ：（山田先生に向かって）<u>自分で立って㉔</u>		㉔ミホ：籠の形（籠が自分で立って）
	1240　山田先生：（全員に向かって）じゃ，またさ，じっくりこれ考えながらさ，作ってみようか。何か籠みたいのを作れたらいいね。（そして，話し合いが一旦終わって，みんなが保育所に向かって帰る。）		

　また，事例7-1において，山田先生の言語的な支援と5歳児による山田先生に対する反応を分析の1つの軸として，さらに，話し合いの発展に関連する「籠」についての内容も1つの軸として分析を行う。そして，以下の表7-6のように，問題を解決するために，クラスが話し合っている話の筋をまとめた。また，表7-6の中に表示されている番号を事例7-1の左側と右側に

表7-6　事例7-1の流れ

籠に関する	山田先生	5歳児
他の内容	1　問題提起 - - - - - - - ► 3　問題再提起 11　問題再提起 - -► 18　問題を具体化（崩れない）	2　弓を作る 12　劇の役割
作る方法	9の言い換え：（組み合わせる） 10の言い換え：（編んできたら） 13　絡める	4　ミホ：手で動いて説明 9　シロウ：ぐるぐる回す（組み合わせる） 10　ミホ：切って，詰めて（編んできたら） 15　ユイ：籠の強度に対する疑問 17　ユイ：横に入れる
作る経験	なし	5　ハル：作ったことある
作る材料	6　枝 8　蔓 16　材料の形（グチャグチャ） 20　骨組み	19　シロウ：草でもいいんじゃない 21　レン：糸，紐 22　ミホ：曲がったやつ（もともと曲がっているの）
籠の形	13　籠っぽく	7　ハル：横の方向を説明 14　ユイ：形に対する疑問 23　ミホ：木の鏡 24　ミホ：籠が自分で立って

注：山田先生の言語的な支援によって話し合いが進めた場合，あるいは5歳児を話し合いに誘うための山田先生の発話を→で表示する。それに対して，5歳児が関連のない発話をする，あるいは5歳児を話し合いに参加しなかった場合，山田先生の発話を点線で表示する。

も表示し，対応して分析を行う。

・問題の提起・提出について

　その中，山田先生が4回問題を提起した。最初の問題提起（発話①）は，5歳児たちが劇の役や道具に関する話し合いをしているところ，「籠」に焦点を当てるために問題を提起したと考えられる。しかし，この発話は，すぐ

に5歳児の応答を得られなかった。そして，2回目の問題提起（発話③）は，ユナの「弓」など本題と関連がない話から，問題の本題に戻すために問題を強調したと推察できる。3回目の方（発話⑪）は，「みんな」という単語を使い，クラス全員に宛てていることを強調する。これは，より多くの他児を話し合いに誘うためであると推測できる。しかし，この発話も1回目の発話と同じ，すぐに5歳児が問題に関連する応答をもらえなかった。また，4回目（発話⑱）の時，問題をより具体化して，問題を少し変えたように見えた。それは，山田先生が4回目の問題提起の前に，3回も粘り強く問題を提起し，また新しい情報も5歳児たちに提供しているからである。事例の前半のこのようなプロセスを経て，クラスの5歳児たちは積極的に話し合いに参加になり，問題をより具体的に修正すると，もっと焦点に合わせやすいのではないかと推察できる。

　山田先生は，5歳児全員を話し合いに誘うために，何回も問題を提起し，また，問題の焦点をより具体化することもした。しかし，すべての支援がすぐにうまく行くとは限らず，本事例でも，2回の発話（発話①と発話⑪）はすぐに5歳児から問題と関連する応答をもらわなかった。そのあと，山田先生は問題提起の発話と他の発話と合わせた結果（発話③＋発話⑥＋発話⑧：発話⑱＋発話⑳），5歳児が参加するようになっている。つまり，山田先生の支援によって，クラスの話し合いが問題に集中することができた。

・問題を焦点化する支援

　事例7-1の話し合い場面は，もともと5歳児たちが自由に遊んでいて，劇に関する役割や道具など分散している話題を話しているところから発展していた。そのために，山田先生は全員をクラスの話し合いに誘うだけではなく，「籠を作る」というテーマに集中するために支援を行った。

　最初に山田先生が問題を提起する時（発話①），籠ではなく，弓に関する応答を得た。そして，山田先生が2回目の問題提起をして（発話③），ようやく

籠に関連する応答を得られた。そして，山田先生の4回目の問題提起は，問題をより具体化した（発話⑱）。ここでは，「籠が崩れないように，うまく作る」という問題点を絞り出している。

　それに対して，「籠を作る」に関連している内容であれば，山田先生は話し合いの内容の発展方向を制限せずに，5歳児が主張している幾つかの発展の方向を支持した（発話④：作る方法；発話⑤：作る経験；発話⑦：籠の形）。

　つまり，山田先生の支援によって問題を焦点化していくと同時に，問題を解決する視点が多様化させていた。

・新しい内容や単語の提供について

　本事例では，山田先生は「枝」「蔓」「絡める」「籠っぽく」「グチャグチャ」などの新しい内容や単語を5歳児たちに提供した。つまり，山田先生の言語的な支援は籠の材料（「枝」「蔓」「グチャグチャ」）に一番多く集中し，他に作る方法（「絡める」）や形（「籠っぽく」）も話した。

　そして，山田先生が籠を作るための材料である「枝」と「蔓」を5歳児に提供し，そして，5歳児たちはこの2つの材料にたくさん反応を示し，「枝」と「蔓」を探し，山田先生に渡すことも見られた。また，材料を探す行動だけではなく，山田先生が提供していた籠の材料に関する情報に刺激を受け，5歳児たちは籠を作る方法（発話⑨シロウ：ぐるぐる回す；発話⑩ミホ：切って，詰めて）を提案した。つまり，山田先生の提案にとどまず，5歳児たちはさらに話し合いを自らの考えで進めたと考えられる。

　また，この作る方法だけではなく，5歳児は山田先生の支援によって，他にも幾つかの自分の考えを主張していた。例えば，山田先生が作る方法に関して，「絡める」を提出した後，ユイが作る方法を提案したり（発話⑰：「横に入れる」），材料に対する疑問をしたり（発話⑲：「草でもいいんじゃない？」）していた。他に，山田先生は「籠が崩れないように作る」という問題を具体化した後，5歳児は籠を作る材料の提案（発話㉑と発話㉒：糸とか紐とか）や材

料の形の提案（発話㉓：曲がったやつ）をした。さらに，籠の形（発話㉓と発話
㉔：木の鏡，自分で立って）などの解決策を出した。

　つまり，山田先生のこのような支援によって，5歳児たちは山田先生の提
案にとどまらず，さらに他の籠の作る方法，他の材料，材料の形や籠の形な
どを提案をした。

・5歳児の提案を受け止めて，言い換えで提案を共有することについて

　本事例では，5歳児は山田先生の支援によって，山田先生と異なる解決策
を提案した。その時，山田先生はまずその解決策を受け止めて，さらに他児
に理解しやすいように言い換えた。例えば，シロウが言った「ぐるぐる回す
（発話⑨）」を「組み合わせる」に言い換えて，ミホが言った「切って，詰め
て（発話⑩）」を「編んできたら」に言い換えた。山田先生の言い換えによっ
て，他の5歳児がもう一回その5歳児の言葉や考えを聴くチャンスをもらい，
その言葉を共有しやすくなると考えられる。

・先生の支援を受けて，5歳児たちの支え合う姿

　保育者の支援なしに，5歳児たちのみの場合だと，話し合いの話題が移っ
てしまいやすい（Ehrlich, 2011）。そのため，山田先生は，5歳児が話題と関
連がない発話をした時（発話②と発話⑫）に，もう一回問題を提出したり，ま
たは話題に関する新しい情報を提供したりして，5歳児たちを再び話し合い
の話題に参加させるために支援を行った。

　山田先生の2回目の問題提起の後，ミホ，ハルとシロウ3人が発話し，山
田先生に応答していた。その時，リュウジは興味を示しているが，籠をどう
のように作るかに関連する発話が見られなかった。また，ユナは籠ではなく
弓を作ることを言って，そのあとに，マオは籠が入らないと主張していた。
しかし，山田先生が粘り強く問題を提起し，支援を続けた結果，山田先生が
「みんな作ってみる？」と参加を誘った後，全員が「うん！」と返事をした。

そして，ユイは山田先生の籠の強度に関する発話に疑問を抱き，山田先生に質問をした。また，ナナコも山田先生の4回目の問題提起の後に，「作りたい」と発話をした。つまり，山田先生の支援を受けて，より多くの5歳児が話し合いに参加し，クラスの話し合いが問題に集中することができた。

　また，山田先生が丁寧に，5歳児が使った言葉を拾い，より分かりやすく言い換えして，他の5歳児も聞こえるように言い換えをした（発話⑨，発話⑩と発話㉒）。そして，シロウとミホが提案した籠を作る方法に影響を受けて，ユイも籠の強度や枝を横に入れるような作る方法を提案した。また，山田先生が提出した枝や蔓を材料として籠を作ることに対して，シロウとレンは異なる材料である草，糸や紐なども提出した。

　5歳児の間での支え合うことも見られた。具体的に，シロウが草で籠を作る（発話⑲）ということを受けて，レンは糸や紐などでも作れるということを言い出した（発話㉑）。ユイが籠の形に対する疑問（発話⑭）の後，ミホが籠の形をより詳しく説明をした（発話㉓と発話㉔）。すなわち，5歳児はお互いの話を聴きとり，そして，発話は刺激し合い，さらに5歳児自身の言葉で，5歳児たちのイメージがつながるようになった。

2.　事例7-2の検討

　以下は事例7-1と同じテーマ「計画」である事例7-2を分析し，山田先生がどのように話し合いの発展を支援しているかを検討する。

　事例7-2は，外で遊んだ後，お昼までの間の休憩時間に，先生が本を読むことにしたという場面である。保育所のホールに，みんなが集まって，山田先生が本を取りに行くのを待っている。そして，山田先生が，一冊，少し厚みのある本をとって帰ってきた。山田先生は全員と一緒に座って，まだ何も言っていなかったのに，5歳児のみんなが山田先生の周りに立ち，「これがいい」「それがいい」と自ら絵本をどこから読み始めるのかについて，話し始めた。そして，山田先生が絵本の目次をめぐり，各章のタイトルを読み始

めた。その次，シロウを代表する「途中からがいい」派（以下はS派）と，リュウジが代表する「最初からがいい」派（以下はR派）と分かれ，本のどこから読んだらいいのかの話し合いが続いた。

事例7-2　（3月）

　外遊びから保育所に戻り，お昼の後に何をするか，当番をどのようにするかについて少し話し合って，そして，お昼の用意をする前にまだ時間があるから，少し休憩を取りながら，ご本を読む時間にした。

　山田先生一人が図書室に入り，みんなが図書室外の廊下で待っていた。そして，山田先生が「ヤンボウニンボウはどう？」とみんなに尋ね，「うんうん！」と子どもたちが愉快に頭を頷き，ご本を待っていた。

　どこに座ろうと，山田先生が考え，そして，他のクラスに邪魔にならないように，山田先生が5歳児クラスの物置の前に木の椅子を置き，自分が椅子の上に座った。みんなが山田先生の後につき，その場所に立っていたため，山田先生が椅子の場所を決めた後，子どもたちが山田先生を囲むように自分の立ち位置を捜していた。今日山田先生が読もうとしている『ヤンボウニンボウトンボウ』の本は，絵本ではなく，字ばっかりであった。それに，ご本は結構の厚みがあって，どこから読むのかが決まらなくて，みんながご本の近くに立ち，本をじっくりと見つめていた。そして，ご本のどこから読むかについて話し合いが始まった。

	（前略）	山田先生	5歳児
1	2901　シロウ：（山田先生に向かって）途中からがいい		①問題を自ら認識し，話し合い始める
1	2902　レン：（山田先生に向かって）読んでからでいい		
	（山田先生が毎章のタイトルを棒読みのように，速いスピードで読み始めた）		
2	2903　山田先生：（全ての章のタイトルを読み終わって，山田先生が頭を上げて，みんなを見ながら）<u>でもさ，これ全部つづきなんだよね，これは</u>	②絵本のストーリーの関係を提示	
3	2904　リュウジ：（山田先生に向かって）じゃさ，一番最初から読んだほうがいい		③山田先生の提示を受け，応答R
4	2905　山田先生：（リュウジに向かって）<u>そう！面白いんだけど</u>	④受け止め	

5	2906　シロウ:（リュウジに向かって）えっ？前読んだことある。「雪男」から		⑤経験を想起,リュウジの意見を否定S
6	2907　リュウジ:（シロウに向かって）読んでないよ		⑥否定R
7	2908　レン:（リュウジに向かって）前読んだから,いいじゃない		⑦＋加勢で否定S
8	2909　ミホ:（レンたちに向かって）読んでないよ		⑧＋加勢で否定R
8	2910　リュウジ:（レンたちに向かって）そうだよ		⑧＋加勢で否定R
9	2911　ユナ:（山田先生に向かって）サンタクロース		⑨他の意見
10	2912　シロウ:（リュウジたちに向かって）読んだよ。いなかったじゃ		⑩＋加勢で否定S
11	2913　ミホ:（シロウに向かって）そうなの？		⑪自分の考えを見直し
12	2914　リュウジ:（シロウに向かって）読んでないよ		⑫＋強調で否定R
13	2915　ユナ:（山田先生に向かって）サンタクロース,サンタクロース		⑬他の意見
14	2816　リュウジ:（何を思い出したような表情で,全員に向かって）あっ！そっか！		⑭自分の考えを見直し
15	2917　山田先生:（全員に向かって）でも,これを全部読むのはすごく大変だから	⑮限られる条件を提示	
16	2918　シロウ:（全員に向かって）だから続きから		⑯意見を提出
17	2919　ユナ:（山田先生に向かって）いやだ,サンタクロースから		⑰自分の意見を強調
18	2920　山田先生:（ユナに向かって）あのね,そうやって言っても,それは自分の意見をただ言ってる。「サンタクローズ,サンタクローズ」って言ってもサンタクローズを読めるのかしら？	⑱注意をする	
19	2921　ユナ:（山田先生に向かって）えっと		⑲山田先生へ応答
20	2922　山田先生:（ユナに向かって）違うよね。	⑳注意をする	

21	2923　リュウジ：（山田先生に向かって）「消えたトンボウ」の次		㉑意見を提出
22	2924　ミホ：（山田先生に向かって）うさぎのほうからいいよ		㉒意見の提出
23	2925　山田先生：（全員に向かって）じゃ，とりあえず「消えたトンボウ」を読んでみるね，じゃ，座ってって。話しが分かるかどうか聞いてね。 （子どもたちが納得した様子で，山田先生の前に座り，山田先生は絵本を読み始める）	㉓提案をする	

　事例7-2も事例7-1の解説方法と同じ，以下の表7-7のように，問題を解決するために，クラスが話し合っている話の筋をまとめた。表7-7の中に表示されている発話の番号を事例7-2の左側にも表示し，対応して分析を行う。

・新しい内容の提示によって，話し合いの内容を展開する支援

　山田先生が事例7-2において，話し合いの内容を促進するために，2回支援を行なっている。1回目では，山田先生は自分の意見だけを提出する5歳児たちに対して，「本の内容が続いている」というストーリーの関連性を提示した。その支援を受けて，5歳児たちはより明確に2つの派に分けていく。R派では，ストーリーが続いているからこそ，最初から読むと主張している。それに対して，S派では，ストーリーが続いているから，前回読んだところから，続きを聴きたいという意見を言い出している。

　さらに，話し合いにおいて，シロウがR派を説得するために，自分の経験（前にこの本を読んだ）を想起したり，相手が反対する理由を想定したりして，R派のリュウジとミホにも働きかけていた。そして，シロウはミホをまず説得し，続いてリュウジも納得させた。

　また，2回目において，5歳児は一旦意見をまとめて，「途中からでいい」という合意に達成した。しかし，具体的にどこから読むのか決まらない状況において，山田先生は「でも，これを全部読むのはすごく大変だから」と言

表 7-7　事例 7-2 の流れ

山田先生	5歳児		
	S派（途中から）	R派（最初から）	他の意見
	1　シロウ：問題を認識し，意見を言い出す		
2　ご本のストーリーの関係を提示		3　リュウジ：意見を提出，シロウの意見を否定	
4　意見を受け止め	5　シロウ：経験を想起，リュウジの意見を否定	6　シロウの意見を否定	
	7　レン：加勢	8　ミホ：加勢	9　ユナ：特定のところを指定
	10　シロウ：否定を強調＋相手に関する理由を想定	11　ミホ：自分の意見を見直し	
15　限られる条件を提示		12　リュウジ：シロウの意見を拒否	13　ユナ：自分の意見を強調
	16　シロウ：前回の続きから	14　リュウジ：自分の意見を見直し	17　ユナ：自分の意見を強調
18　注意をする			19　山田先生への応答
20　注意をする		21　リュウジ：意見を提出	
23　提案をする		22　ミホ：意見を提出	

い出して，最終的に読むところを決めるために，話し合いを促進した。それに受けて，シロウは自分の意見を強調し，リュウジもミホも，読みたいところを主張した。

・ほかの5歳児たちがすでに意見をまとめた時点で，自分の意見と他者の意
　見を合わせて考えるに関してユナに注意をする支援

　山田先生は，本事例において，ユナに対して注意をした。ユナは他に発話
した5歳児たちと異なる意見を3回も言い出したにもかかわらず，他児と意
見交換をせずに，自分の意見をずっと主張し続けた。ユナのこのような発話
に対して，山田先生はユナの最初の2回の発話（発話⑨と発話⑬）に対しても
注意をしなかったが，3回目の発話（発話⑰）に対して，自分の意見だけを
主張するではなく，他者の意見も聴くように注意を行った。なぜなら，ほか
の2つの違う意見を持つ派は，その時点ですでに意見をまとめていたからと
推察できる。具体的に，ユナの1回目の発話の時，シロウとレンが「途中か
らがいい」派（S派）であり，リュウジとミホがそれに反対する「最初から
がいい」派（R派）に分かれていて，お互いに意見を否定し続けている（発
話⑤から発話⑧まで）。そして，ユナの2回目の発話（発話⑬）の前に，シロウ
がリュウジとミホが「最初からがいい」と主張する理由として，前に本を読
む時にいなかったことを提出した（発話⑩）。そして，ミホがシロウの主張を
受け入れようとしていて，自分の考えを見直していた（発話⑪）。リュウジは
すぐに自分の意見を主張し続けた（発話⑫）が，ユナの発話（発話⑬）の後に，
やはり自分の考えを見直し，2つの派は「途中からがいい」という意見に合
意を達成した。ゆえに，山田先生はこの時点でユナに対して注意を行っても，
ほかの5歳児の考えに影響しないと考えられる。

　以上のような支援から，実際に話し合いにおいても，いつ支援をするかと
いう支援するタイミングの重要さが示唆されている。

・山田先生の支援を受け，話し合う5歳児たちについて

　本事例において，山田先生の発話数が事例7-1より少なかった。その同時
に，5歳児同士の発話連鎖が長くなった。それは，この時期の事例において，
5歳児同士が話し合いを一定的な程度に進められるようになり，ある問題に

対して，合意達成をできるようになったからであると考えられる。そのため，山田先生の言語的な支援が少なくなったと推察できる。また，本事例において，5歳児たちは自分の意見を主張するだけではなく，他児の意見を受け入れ，さらに他児を説得するために，自分なりの理由（過去の経験を想起する）を説明した。また，自分側の理由だけではなく，相手が自分と反対の意見を持つ理由も考え，相手側に立ち，その理由を探り，考えを提出した。さらに，このような理由も受け止め，5歳児は自分の考えと照らし合わせて，自分の元の意見を放棄し，相手側の意見に納得を示すことが見られた。

3.　事例分析の考察

　ここからは，事例7-1と事例7-2の分析から見られた2事例の相違を検討する。

・山田先生の言語的な支援の量の差

　事例7-1と事例7-2は同じ「計画」に分類される事例であるが，2つの事例において，山田先生の発話数の差が見られた。事例7-1における発話数は，事例7-2より多く見られた。すなわち，山田先生の言語的な支援の量が異なっている。

・山田先生の言語的支援のタイミングについて

　次に，支援するタイミングについて，2つに事例において違うところが見られた。事例7-1において，5歳児が話題に関連していない発話をすると，山田先生が直ちに問題を再提出して，支援を行ったことに対して，事例7-2において，山田先生がユナに対して，最初から注意を行うのではなく，他の5歳児たちの話し合いがある程度の合意に達した後に注意をした。

・5歳児たちの発話連鎖の違いについて

　事例7-2において，5歳児たちが長い発話連鎖をし，山田先生の支援なしに，話し合いを進め，そしてある結論まで達している。それに対して，事例7-1では，5歳児は山田先生の支援や，5歳児間の支え合いによって，多様な考えを出し合ったが，結論まで至らなかったし，お互いの考えについて意見を述べることも少なかった。

　また，事例7-2では，5歳児たちが自ら問題を認識に，話し合いを開始したことに対して，事例7-1において，山田先生が何回も問題を提起し，また問題を具体化するために支援を行った。それは，2つの事例も「計画」というテーマであるが，実際に解決しようとする問題は異なることも1つの原因である。具体的に，事例7-2では，問題は5歳児たちが気づき，そして話し合いに発展し，さらに山田先生が話し合いに支援を行う形になっている。それに対して，事例7-1の話し合いが開始する前にも，劇に関する役割や道具などについて，5歳児たちがバラバラで話しをしていて，事例7-1の話し合いの内容にも関連しているが，その時に，山田先生が「籠を作る」という問題を取り上げて，さらに5歳児を話し合いに誘う。このような状況で，「籠を作る」というテーマに集中し，話し合いを発展することは，事例7-2の状況よりも難しいと推察できる。話し合い場面の具体的な文脈や状況は，山田先生の支援だけではなく，5歳児の参加や5歳児の発話連鎖にも影響を及ぼすことが示唆されている。

第7節　本章のまとめ

　本章は問題解決の話し合いにおける山田先生の発話の特徴を検討して，結果を以下の4点にまとめた。

　第1に，山田先生の発話の形式を，「質問」，「復唱，言い換え」，「文の完成」，「呼びかけ」，「注意」，「新しい内容，やり方の提示」，「回答」という計

7つのカテゴリーに分類した。また，山田先生の発話の形式と対応し，さらに山田先生の発話の機能を 15 種類に分類することができた。その中，発話の形は同じであっても，その発話の機能が異なることが分かった。また，山田先生の「質問」は，「話し合いの内容を促進したい時」に使われることが明らかになった。さらに，山田先生は「新しい内容，やり方の提示」を使って，話し合いの内容を深めることが明らかになった。

　第 2 に，山田先生の発話の機能の分類に基づき，さらに機能の上位カテゴリーを明らかにしたことで，山田先生の 2 つの「支援の目的」が存在することが分かった。そして，山田先生の発話をカウントし，山田先生は「話し合いへの参加のための支援」より，「話し合いの展開への支援」を多く行った。さらに，山田先生の 2 つの「支援の目的」のサブカテゴリーとして分類した結果，山田先生による「話し合いの内容への支援」が一番多く見られて，次に「聴くことへの支援」がより多く見られた。話し合いの展開への支援が多く行なわれている山田先生のこのような支援は，SST でも提唱されている支援の仕方と一致している。また，山田先生が 5 歳児の「聴く」への支援が全体の 2 割近くを占めているため，5 歳児が話し合いに参加し，「聴き合える」という集団のコミュニケーションにおける関係性を作るような支援を行ったことが推察できる。

　第 3 に，発話の形式と機能に加え，「話し合いへ参加するための支援」と「話し合いの展開への支援」という 2 つの「支援の目的」に着目して事例を解釈することで，5 歳児クラスの問題解決のための話し合いにおいて，山田先生の発話は 5 歳児が話し合いに参加できるように，問題を提起し，「みんな」に呼びかけ，復唱や言い換えをするなどの支援をしていた。その同時に，話し合いの展開を支援するために，新しい内容・やり方を提案し，5 歳児たちに質問をした。

　第 4 に，事例の発展を詳しく検討した上，山田先生の言語的な支援によって，5 歳児がその支援を受けた後の姿が明らかになった。まず，山田先生が

問題を提起し，5 歳児を話し合いに参加するように誘うことによって，5 歳児たちがクラスの話し合いに参加し，そして問題解決に集中することができた。そして，山田先生による新しい内容・やり方の提示において，5 歳児はさらに他の関連する内容・やり方などを提案することができた。さらに事例 7-2 において 5 歳児同士が意見や自分の理由を主張しあい，そして 1 つの合意に達成する姿も見られた。他に，山田先生が 5 歳児の提案を分かりやすく言い換えたことによって，提案は共有しやすくなったと考えられる。

　本章は，自然の保育の場に起こる，クラスの問題解決のための話し合い場面で記録された山田先生の言葉の特徴を捉えようとした。実際に，話し合い場面において，山田先生が多様な形式の発話をしていた。また，このような発話は 5 歳児を支援するために，異なる機能を果たした。先行研究では，話し合い場面における保育者のストラテジーとして，「多様な質問を使う」(Girolametto & Weitzman, 2002)，話題を「拡張」や「広げる」(Girolametto & Weitzman, 2002) などが言及されている。本研究に協力してくれた山田先生の言語的な支援から，このようなストラテジーを使用していたと言えるだろう。また，話し合いの展開への支援が多く行なわれている山田先生は，話し合いの内容を促進したり，深めたりする支援が多かった。山田先生の実践で見られた支援の仕方は，SST で提唱されている支援の仕方とも一致している。ゆえに，山田先生にインタビューを行い，話し合い場面にこのような支援を行った理由や支援に関する認識などを語ってもらうと，より深く「実践」と「認識」との関係を解明できるのではないかと考えられる。これは本章の課題となる。

　また，本章で事例 7-1 として検討された話し合い場面は，外で散歩している場面であり，5 歳児が静かに話しを聴いてくれるような場所ではなかった。先行研究では，新任保育者が SST に関する認識，実行，感想や内省に関して検討を行い，その結果，新任保育者は「子どもは常に大人と会話することを準備していない」と感じたという報告があった (Egan, 2009)。実際の保育

の場では，クラスで自然に起こる，すぐに解決すべき問題は，決して静かな場所に限って発生するわけではなかった。多様な場所や異なる子どもの間でも発生する可能性があり，さらに保育者がこのような問題をクラスの話し合いで取り上げる可能性も示唆されている。そのため，事例 7-1 において，山田先生はより多くの 5 歳児を籠作りに誘うために，問題を何回も強調したり，全員に声をかけたり，問題と関連がない話から 5 歳児を本題に戻させたりした。5 歳児は山田先生が提出した問題と異なること（劇の役）を考えたりして，異なる道具（弓）を考えたりしていた。それはつまり，先行研究での新任保育者が感じている「大人の話を聴く準備していない」ことではないかと考えられる。山田先生もきっと 5 歳児たちが考えていることが分かるだろう。しかし，山田先生はその場で話し合うことが可能な話題を提起し，5 歳児の興味を引き出し，工夫をして，粘り強く話し合いを支援し，最後に全員が籠を作りたくなり，一緒に籠をどのように作るのを楽しんで話しあっていた。

　ほかに，本章の事例分析では，山田先生の支援を受けて，5 歳児はさらに他の関連する内容・やり方などを提案することができて，さらに事例 7-2 において 5 歳児同士が意見や自分の理由を主張しあい，そして 1 つの合意に達成する姿も見られた。事例 7-1 において，山田先生の発話に応答したり，山田先生が提出した新しい内容と関連することを言い出したり，また，山田先生の発話に疑問を抱いたり，さらに，山田先生が言及しなかった方向や考えも主張したりした 5 歳児の様子が見られた。山田先生の質問・新しい内容ややり方の提示という支援を受けることで，5 歳児は想像をより広げることができたと考えられる。また，事例 7-2 において，保育者が本のストーリーの関係や本を読むための限られている条件の提出によって，5 歳児たちはその問題に焦点を当てることができて，意見を出し合ったり，理由を語ったり，最終的に合意を達成した。それは，山田先生の支援だけではなく，5 歳児の成長とも言えるだろう。相手の意見を反論する時，単に意見を主張するではなく，自分が考えている理由や，相手はなぜ反対の意見を持つのかなども考

えることが事例で見られた。5歳児の時期において，他者の意図や考えを考慮し，他者の信念を推測することができると示唆されている。本章の事例のような，問題解決のための話し合いに参加することは，5歳児が他者の意図や信念を考えるいい機会を提供していると言える。また，5歳児が他者の立場で考えることによって，自分と異なる考えを考慮し，そして判断し行動することは，文部科学省が強調している「確かな学力」の育成にも役立つと考えられる。

　また，課題として，先行研究で言及した質問の具体的な形（Siraj-Blatchford & Manni, 2008）について，山田先生が使っていた質問は，開いている質問であるか，閉じている質問であるか，まだ検討する必要があると考えられる。なぜなら，質問の形とその機能，さらに事例において山田先生はどのように質問をしているかを検討することによって，質問を使う支援の質をより明らかにすることができるからである。

第5部　総合考察

第8章　総合考察

　本研究の第1章では，まず，5歳児がどのように3者以上の集団の話し合いに参加するか，保育所における「日常会話」場面と小学校の教室談話との相違を検討し，さらに，話し合い活動の重要性を指摘し，5歳児クラスの話し合いに関する課題について述べた。そして，話し合いにおける保育者の支援に関する先行研究を整理し，その支援の必要性を述べた。さらに，本研究は保育者の言語的な支援に着目することを述べた。さらに，本研究で対象とする5歳児クラスの話し合い場面における5歳児と保育者の発話の特徴を明らかにするために，諸理論および先行研究による知見を整理し，以下の分析視点をまとめた。第1に，5歳児と保育者の発話を捉えるための視点を述べた。第2に，本研究が着目する，話し合い場面のテーマについての先行研究の整理し，課題をまとめた。第3に，発話の「宛先」に着目し，社会ネットワーク分析を用いて可視化を図ることについて述べた。第4に，「発話機能」などを含め，集団にいる5歳児の位置づけと発話内容の関連性に着目することを述べた。最後に，以上の分析視点から本研究の目的を示し，本研究の課題と構成について述べた。

　第2章では，研究協力保育所の状況を紹介し，具体的な観察の期間と場面をどのように決めて行ったか，また，観察の仕方も説明した。そして，フィールドノーツの作成方法，本研究で扱う用語の定義も説明した。

　以下は第2部第3章以下の実証研究における各章の内容をまとめて，さらに考察を行い，各部各章の研究としても意義も述べ，最後に本研究の限界と今後の課題を検討する。

第 1 節　各章の総括

1.　第 2 部のまとめと考察

　第 2 部では，5 歳児クラスの話し合い場面の特徴と 5 歳児の参加の構造について明らかにすることを目的とした。そこで，第 3 章は①場面数，②発話者数及びその変容，③話し合いのテーマの分類及びその変容，④事例分析を含め検討を行った。さらに，話し合いにおける 5 歳児一人ひとりの特徴や参加の構造を検討するため，第 4 章は①発話量，②発話の宛先の量と方向，③発話量と宛先の量・方向の時期的変容について分析した。

1）第 3 章のまとめ

　第 3 章の結果から，本研究の対象となる「非指名的な話し合い場面」が全部の話し合い場面に占めた比率は時期と共に増加し，中期と後期には 9 割近くになった。また，「非指名的な話し合い場面」において，中期から 6 割以上の 5 歳児が発話した。前期から，「問題解決タイプの話し合い」場面が見られたが，中期から「自由議論タイプの話し合い」場面も出現した。さらに，具体的な話し合いのテーマについて，前期では「計画」と「役割決定」のみであったが，中期から「予定」という問題解決タイプの話し合いのテーマも見られた。「自由議論タイプの話し合い」場面では，「表現」「経験」「準備」という 3 つのテーマが出現した。後期に「振り返り」という自由議論タイプの話し合い場面のテーマも出現した。最後に，事例分析から，「問題解決タイプの話し合い」場面において，5 歳児が自発的に問題を対応するようになり，山田先生が身を引いて，5 歳児が主導し，話し合いを進められるように支援した。それに対して，「自由議論タイプの話し合い」場面では，山田先生が身を引かずに，5 歳児と平等に語れるような立場に移り，話し合いに参

加した。

　先行研究では，朝の集まりのテーマを検討しており，「過去の経験」「活動への心構え」「行事の相談」「きまりやクラス運営」「人間関係」という5つのテーマが報告された（野呂・杉山，1995）。第3章でまとめられた話し合い場面のテーマの一部と重なることが分かった。また，野呂・杉山の報告では，「行事の相談」と「きまりやクラス運営」が観察した2園の一番多く話し合ったテーマであった。それに対して，本研究の協力保育所で観察されたテーマで一番多かったテーマは「計画（16場面）」「表現（13場面）」「役割決定（10場面）」である。すなわち，先行研究で検討されたクラスの話し合いのテーマと異なる結果になっていた。その理由を検討すると，本研究は朝の集まりの時間のみではなく，登園後からお昼ご飯の時間まで日常の活動場面すべての場面を対象として観察を行ったため，朝の集まり以外の話し合いも記録されたからと考えられる。他に，野呂・杉山の報告では，テーマの具体的な説明や事例を述べていなかったので，より詳しい事例の比較を行い，検討した。

2)　第4章のまとめ

　第4章の結果から，まず，5歳児一人ひとりの発話量から，「発話量が多かった5歳児」，「発話量が平均値に近い5歳児」と「発話量が少なかった5歳児」に分類することができた。また，話し合いのタイプと時期的な変容を検討した結果，話し合いのタイプや時期にもかかわらず，安定して多く発話した5歳児や，ほとんど発話しなかった5歳児が見られた。さらに，話し合いのタイプや時期によって，発話量が異なる5歳児も見られた。すなわち，発話量について，5歳児の発話量が発達的に，時期とともに直線的に増加していくのではなく，5歳児一人ひとりの話し合いにおいて，異なる参加の仕方があると推察できる。

　5歳児の発話の宛先に着目した分析の結果から，まず問題解決タイプの話

し合い場面において，自由議論タイプの話し合い場面より，話しかける相手
の人数が多かっただけではなく，発話量の差があることが明らかになった。
また，話し合いのタイプによって 5 歳児の話しかける相手の人数が異なるこ
と，山田先生が 5 歳児に宛てている発話量が異なることや，5 歳児の間の異
なる宛先の関係が明らかになった。

　5 歳児の発話量と宛先の量と方向を合わせて分析した結果，まず発話量に
よって話しかける相手の人数について，発話数の多い 5 歳児は，山田先生・
他児などに満遍なく話しかけており，一方，発話数の少ない 5 歳児は，山田
先生に対しても他児に対してもあまり話しかけていなかったことが見られた。
また，話し合いにタイプに影響され，話しかける相手の人数の変化が異なる
ことも見られた。

　第 4 章は社会学でよく使われているソシオグラム分析を用いて，発話の量
のみではなく，誰に話を宛てているかという「宛先」に着目し，矢印で方向
を示せる図で表すことで，集団である 5 歳児クラスの構造をより明らかにす
ることができた。近年，幼児の「話す力」と「聴く力」の発達だけではなく，
話し合いを通して，幼児の多様な成長を議論した研究も見られた。まず，幼
児間の関係性について，幼児間の議論する話し合いを観察した研究では，議
論などの経験によって，幼児間の関係性を築く（Ehrlich, 2011）ことが明らか
になった。幼児だけの会話では，幼児間でルールを作りながら行動を促す
（Nicolopoulou et al., 2006）。一方，物語と一緒に行う話し合い活動も多く見ら
れ，例えば物語を読んだ後の話し合い活動において，子どもが多様な言葉を
使い，物語の拡張理解に自分なりの解釈することができ（Maine, 2013），アメ
リカとブラジルの低収入層の幼児に物語を教えて，そして物語を演じるとい
うプロジェクトにおける話し合い活動は，幼児がお互いに学習することを促
進し，幼児の社会化を促進する（Nicolopoulou et al., 2014）ことが報告された。
さらに，話し合いを通して自分の文化を学習する（Vardi-Rath et al., 2014）こ
とも見られた。実際に，第 4 章では，ソシオグラム分析を用いて，クラスの

話し合いに参加している5歳児の社会的なポジション（中心にいるか，周りにいるか），発話量や宛先の量・方向で示されていたクラスの話し合いという小さいネットワークの構造を明らかにした。クラスの話し合いを通して，5歳児クラスという小さな社会を構成していく機能があると推察できる。先行研究のように，クラスの話し合いは，5歳児の社会化を促進するだけではなく，クラスの話し合いに参加するルールを作り，さらに集団の文化を学んでいると考えられる。また，クラスの話し合いで話し合う5歳児たちは，普段の日常会話（おしゃべり）と異なる文脈で，異なるテーマで語り合うことで，より正式な会話の関係を築くのではないかと考えられる。

3）第2部の意義

　以上のように，第2部では，5歳児クラスの話し合いの特徴について，時期別の特徴を明らかにした。そして，以下3点の意義があったと考えられる。

　第1に，5歳児クラスの話し合いが時期によってどのように変化していたのを示した点である。第3章のまとめにも考察したように，話し合いのテーマを検討した先行研究（野呂・杉山，1995）では，朝の集まりで行った話し合いの5つのテーマを報告したものの，実際にテーマによって，どのような相違があって，またテーマがどのように変化しているかを検討されていなかった。本研究の第2部では，話し合いのテーマやその相違，そして話し合いの発話者，話し合い場面および話し合いのテーマの変容を検討し，1年をかけてその変容の特徴を捉えたことで，より鮮明な日常の保育を描くことができたと考えられる。

　第2に，話し合いのタイプの違いによって，話し合いにおける発話の宛先の量と方向の特徴が異なることを示した点である。まず，問題解決タイプの話し合い場面は，自由議論タイプの話し合い場面より，話しかける相手の人数が多く，後期でも話しかける相手の人数が減少しなかった5歳児が見られた。それは，問題解決のためのテーマでは，自分との関連が強く，自分の利

益などが関わっているため（例えば 5 歳児が当事者である時），より話し合いに参加しやすいと考えられる。それに対して，自由議論タイプの話し合い場面では，テーマと 5 歳児の知識，経験，好みとより関連が強いため，関連が見出せない 5 歳児にとって，話し合いに参加しにくいのではないかと推察できる。山本の研究の結果では，実験的な観察を行い，4 歳後半になると，同じ経験をしていなくても，または仮定の世界や経験についても，2 人のペアの会話が成立できるということが報告されていた（山本，2007）。しかし，3 者以上の会話関係が存在するクラスの話し合いになると，実際に自分の知識，経験や好みと関連が強くないと，5 歳児がクラスの話し合いに発話しなかった，あるいは発話が少なかったことが示されていた。つまり，多声環境であるクラスの話し合い場面にで，多様な宛先も存在しているため，誰に対して，どのような内容を，どのタイミングで言うかということが 2 者の会話よりずっと複雑であり，その複雑さがクラスの話し合い場面を検討する価値であるとも言えるだろう。

　第 3 に，社会ネットワーク分析の視点を用いて，クラスという小集団に生きている 5 歳児一人ひとりが話し合いに参加する姿，およびその変化を示した点である。従来の研究では，クラスの話し合いの全貌，または個々の 5 歳児を別々に検討し，個人の発達的な特徴（問題解決の方略，個人の発話の特徴）などの結果が得られた（佐藤，2008；柏，2004 など）。しかし，集団にいる 5 歳児の姿がまだ不明瞭である。本研究の第 2 部は社会ネットワーク分析の視点から，ネットワーク関係の密度や関係の方向性を示せるソシオグラム分析を用いて，クラスの話し合い場面における 5 歳児の姿を描くことができた。それは，別々になった個人である 5 歳児という「点」に焦点を当てるだけではなく，集団に生きている 5 歳児が話し合うことによって「線」でつながって，さらに幾つかの「点」と「線」で構成していくネットワークの構造を描いたことである。5 歳児がクラスの話し合いで構成されているネットワークにおける居場所，他者との関係性の強弱，およびその時期的な変容を明らか

にすることができた。

2．第3部のまとめと考察

　第3部では，問題解決タイプの話し合い場面に着目し，5歳児の発話の特徴および話し合いにおける役割を明らかにすることを目的とした。第5章は，5歳児の応答の特徴を捉えるため，①応答の宛先と時期的変容，②応答の機能と時期的変容について検討した。第6章では，5歳児の役割について，①2名の5歳児の選択，②問題の分類，③5歳児の役割について検討を行った。

1）第5章のまとめ

　第5章では，まず5歳児の応答連鎖の長さについて，時期によって，5歳児が保育者の一回の発話に対する応答が長くなることが示された。そして，5歳児の応答の宛先は保育者だけではなく，前に発話した5歳児に対しても，前に発話した5歳児以外の他児や，クラス全員にも宛てていたことが見られるようになった。また，後期になっても，前に発話した他児や他の他児への応答が増加し，保育者に宛てている応答が減少した。5歳児の応答の機能の変容や，事例分析から，問題のタイプによって，応答連鎖における宛先や応答の機能が異なることが明らかになった。

　また，保育者に宛てている応答であっても，実際に応答の機能は前に発話した5歳児に影響を受けることは前期の「前に発話した5歳児の同調」というカテゴリーから見られた。その他，「前に発話した5歳児への要求」など他児への一方的なかかわりも見られた。そして，中期や後期になると，前に発話した5歳児への「補足」や「否定」のように，前に発話した5歳児と異なる機能である応答が出現し，他児へのかかわりの形が多様になったと推察できた。さらに，後期では，前に発話した5歳児への「質問」「回答」「否定」の増加は，5歳児間の相互的なやりとりの形を説明出来る。また，後期に発話数が減少したにもかかわらず，クラス全員に対する応答は多く見られ

た。

　第5章では，5歳児の応答の宛先と機能を合わせて検討したことで，時期とともに応答の異なる宛先を変化するだけではなく，発話の直前の発話内容との関連性が高くなり，保育者とクラスの他児に対して，多様な意図を含む応答をしていることが示唆された。

2) 第6章のまとめ

　第6章では，5歳児クラスの問題解決のための話し合いに着目し，2名の5歳児が当事者および非当事者として果たした役割を検討した。結果として，まず，「個と個の問題」や「個と集団の問題」を解決するための話し合いにおいて，非当事者として，当事者に働きかけ，当事者が権利や主張を諦めるように説得する役割だけではなく，当事者の感情面に関する役割を果たした。そして，「個と集団の問題」の場合，5歳児が他の非当事者と問題の状況や当事者の気持ちを共有していたことが明らかになった。また，当事者として，「集団の問題」を解決するために，話し合いにおいて，意見の主張，他児に対する賛成か反対かの立場の表明，またルールの維持のような役割が見られた。最後に，2名の5歳児の相違点を比較し，問題を解決するため，レンは「当事者に働きかけるタイプ」で，ミホは「当事者だけでなく，集団にも働きかけるタイプ」であることが見出された。

　発話数が同じように多くても，実際の話し合いの事例において，クラスの問題を解決するために，異なる役割を果たし，異なる発話が見られた。第6章では，2名の5歳児の発話のみを扱い，具体的に分析したが，このような豊かな5歳児の個性の一端を描くことができた。また，2名の4歳児の対人葛藤場面（個と個の問題）に関する研究では，非当事者である幼児が問題解決に介入し，協同的に問題解決を試みることが明らかになっている（松原・本山，2013）。保育施設だけではなく，小学校に行っても，さらに将来に社会に入っても，自分と関わる問題や他人の問題をどう考えるかに関する意識の

育ちには，このような経験が役にたつと推察できる。

3）第3部の意義

　以上のように，第3部では，問題解決タイプの5歳児クラスの話し合いにおいて，5歳児の発話の特徴と発話の役割を明らかにした。そして，以下4点の意義があったと考えられる。

　第1に，クラスの話し合いにおける5歳児が保育者に対する応答の多様性，およびその変容を示したことである。本研究が5歳児クラスの話し合い場面に着目した以上，話し合いに参加し，発話している保育者を無視することができないと考えている。そのため，第5章は話し合い場面における5歳児たちの発話のみを抽出し検討することをやめ，保育者に応答しているように見える言葉を選び，検討を行った。それは，保育者との関係を捨てず，5歳児の応答の特徴を描こうとしたからである。その結果，5歳児が保育者に応答しながらも，応答が変化していくことを描いた。

　第2に，クラスの話し合いにおける5歳児の学び合いを示したことである。多くの研究者は，5歳児たちのみの会話こそ，5歳児の間の相互作用によって，お互いに学んでいることだと考えている。さらに，「子ども中心」の保育信念をもつ保育者を対象にした調査（Winsler & Carlton, 2003）では，保育者が「子ども中心」であることをうまく理解できず，「子ども中心」の保育を実行するために子どもと距離を取り，さらに子どもを避けるようになった事例が報告されていた。しかし，本研究第5章の結果に示したように，たとえ保育者が話し合いに参加し，発話し，5歳児たちと応答的な関係を築いても，5歳児の応答の特徴から，宛先が増え，応答の内容が多様化になり，5歳児の間のやりとりが成立し，やりとりが多数見られた。それはつまり，保育者による話し合いにおける支援は，5歳児たちの会話を成立させるために発話しないことや5歳児を避けることではないと言えるだろう。また，保育者が参加している話し合いと参加しなかった話し合いを比較した研究では，

双方は持続の時間やテーマや文脈との距離が異なるが，双方とも同じ特徴を
持ち，同じ雰囲気を作り出すことが明らかになった（Ehrlich, 2011）。すなわ
ち，保育者が 2 つの話し合いの違いを気づき，それらの環境の違いをしっか
り考え，さらにそれらの話し合いに橋をかける役割を果たすことを示唆して
いる。

　第 3 に，発話が一番多かった 2 名の 5 歳児に着目し，実際に 2 名の 5 歳児
が同じ立場に立っていても，果たした役割の相違を示したこと。レンとミホ
が問題解決タイプの話し合い場面において，発話数が同じであり，同じく
「発話が多かった 5 歳児」に分類された。しかし，発話量の時期的な変容か
ら見ると，異なる変容の傾向が見られて，実際に話し合いに果たした役割を
検討したところ，2 名の相違も見られた。同じクラスで一緒に長く生活して
いる 2 名の 5 歳児でありながら，5 歳児個々の個性の豊かさが保されている。
また，個性のみではなく，5 歳児の役割から，クラスという集団にいる立場
や，個人の居場所の確保などの問題ともつながる。どのように 5 歳児の個々
の個性を保ち，生かしながら個々の成長を支援するのは，保育者にとって大
きい課題であることが示唆されている。

　第 4 に，子どもの「非当事者」である立場を利用し，学びの可能性を広げ
る。第 3 部では，5 歳児は「当事者」であるときに，自分の関連することに
対して，多く反応を示している。それに対して，一部の 5 歳児は「非当事
者」としても，積極的に問題解決に参加し，さらに「当事者」の立場に立ち，
当事者の感情や考えを理解し，共有し，そして一緒に学ぶことができたこと
も明らかになっている。すなわち，5 歳児の時期とは，子どもは他者の言葉
を理解し，他者に寄り添い，そして行動をすることができるようになってい
くという重要な時期であることを示唆している。これから，小学校で学ぶ内
容は，必ずしも自分と関連している内容ではないが，他者と共感を持ち，自
分だけでは経験することができない，他者の経験や教訓を学び，さらに多く
の知識を学ぶことができる。つまり，自分に関連がないから，無関心になる

のではなく，5歳児の時期において，他者のことに興味を持ち，他者に寄り添い，そして他者と一緒に学んでいくことが重要であり，小学校への学びの連続性に対しても関連していることが示唆されている。

3.　第4部のまとめと考察

　第4部では，問題解決タイプの話し合い場面において，保育者の言語的な支援の特徴，およびその言語的な支援がどのように話し合いの内容の展開に働きかけていたかを明らかにすることを目的とする。そして，①保育者の発話の形式，②保育者の発話の機能の分類，③保育者の発話の機能のカテゴリーをさらに抽象化し上位カテゴリーに分類する，④事例分析，⑤話し合いの内容の展開のための働きかけについて検討する。

1)　第7章のまとめ

　第7章では，問題解決タイプの話し合いにおける保育者の発話の特徴を検討した結果から，まず，保育者の発話の形式を，「質問」，「復唱，言い換え」，「文の完成」，「呼びかけ」，「注意」，「新しい内容，やり方の提示」，「回答」という計7つのカテゴリーに分類した。また，保育者の発話の形式と対応し，さらに保育者の発話の機能を15種類に分類することができた。その中で，発話の形は同じであっても，その発話の機能が異なることが分かった。さらに，山田先生が「話し合いの内容を促進する」ために，質問の形で支援を行ったことが明らかになった。

　そして，保育者の発話の機能の分類に基づき，さらに機能の上位カテゴリーを明らかにしたことで，保育者の異なる支援の方向と保育者の2つの支援の視点が存在することが分かった。山田先生の発話をカウントし，山田先生は「話し合いへの参加のための支援」より，「話し合いの展開への支援」に分類される発話で多く支援したことが分かった。

　さらに，発話の形式と機能に加え，「話し合いへの参加のための支援」「話

し合いの展開への支援」という 2 つの視点に着目して事例を解釈することで，5 歳児クラスの問題解決のための話し合いにおいて，保育者の発話は 5 歳児が話し合いに参加できるように支援しているだけではなく，同時に話し合いの展開も支援していることが示唆された。

　最後に，事例の発展を詳しく検討した上，山田先生の言語的な支援によって，クラスの話し合いは問題に集中することができた。また，山田先生が新しい内容・やり方の提示をすることで，5 歳児はさらに他の関連する内容・やり方などを提案することができた。他に，山田先生が 5 歳児の提案を分かりやすく言い換えたことによって，提案を共有しやすくなったと考えられる。また，5 歳児が山田先生の支援によって，山田先生が考えていなかったことを考えて，新しいアイディアを生み出したことが見られた。

2）第 4 部の意義

　以上のように，第 4 部では，問題解決タイプのクラスの話し合いにおいて，山田先生の言語的な支援の特徴を明らかにした。そして，以下 3 点の意義があったと考えられる。

　第 1 に，クラスの話し合い場面において，話し合いを支える保育者の言語的な支援の特徴や発話の機能を示したことに意義があった。クラスの話し合い場面やグループの話し合い場面において，保育者の支援に着目した研究が多く見られた。しかし，その多くは保育者の支援の効果と支援の結果に着目し（斎藤・無藤，2009; 久保田，2012），保育者がどのような言葉を使用したかは不明瞭であった。また，保育者がポジティブな質問（開かれた質問や探究的な質問など）を使用する効果が認められていて（Siraj-Blatchford, 2005），保育者が幼児の言葉の意味を確認しようとする時，幼児の言葉を繰り返したり，言い換えたりすることも高く評価されている（Siraj-Blatchford et al., 2015）。そこで，保育者の言語的支援の効果と結果のみではなく，このような効果と結果をもたらした具体的な言葉の特徴を明らかにすることで，より実践的な

示唆を与えるのではないかと考えられる。

　第2に，問題解決タイプのクラスの話し合いにおける保育者の言語的な支援について，実践に有用な示唆を示したことに意義があったことが挙げられる。集団であるクラスにおいて，個人と個人の問題，個人と集団の問題，および集団全体の問題は，幼児保育施設において日常的に起こる問題である。そのため，そのような問題に対応する，効果的・教育的な解決法は現場において高い関心を持たれている。第4部は問題解決タイプの話し合い場面における保育者の言語的な支援の特徴，発話の機能，支援の方向と支援の視点などを分析し，さらに，保育者がどのような話し合いの内容の発展に支援したかについても考察した。これらの知見は，現場の実践に示唆を与えると考えられる。

　第3に，実践と理論に橋を架けるであろうプロセスを示したことに意義があった。第1章で先行研究を整理した際，保育者が話し合い場面における支援の難しさを報告した。第4部では，日常の保育実践場面で記録した保育者の発話を「形式」「機能」「支援の方向」と「支援の視点」という視点から分析し，さらに保育者がどのように話し合いの内容の発展に働きかけたかという点も検討した。理論のみの検討だけではなく，実際の保育者の発話をボトムアップで分類し，検討したので，実践の場で働いている保育者に，このような話し合い場面における支援についての示唆を与えると考えられる。

第2節　本研究の理論的意義と限界

　本研究は，発達心理学，言語学，保育学，社会学という多分野の知見から分析の視点を用いて，保育所クラスの話し合い場面での5歳児の発話の特徴および変化を分析し，話し合いに参加する構造や5歳児の育ちなどについて検討した。

　発達心理学の領域では，言葉の発達だけではなく，感情，認知，社会性な

どの研究も多く行われている。本研究は主に言葉の発達に着目したが，クラスという集団にいる5歳児たちに着目することで，社会性の発達も含め，5歳児が集団であるクラスの話し合いへ参加する構造を検討し，2者会話から集団の話し合いに参加できるようになるプロセスを明らかにした。また，異なる5歳児によるさまざまな話し合いに参加する仕方から，5歳児期における個人差が示唆されている。このように，単に個人の子どもに着目した発達研究では検討することができない，集団にいる個人の姿や個人の変容を描くことができた。しかし，本研究では，発話数によって，5歳児を発話数が多かった5歳児，発話数の平均値に近い5歳児と発話数が少なかった5歳児に分類をしたものの，このような発話数の差があることについて，さらに子どもの感情面（例えば5歳児間の人間関係が発話の頻度に影響するか）に関する検討はできていない。それが，本研究の今後の課題となっている。

　また，言語学の領域について，本研究は「発話」，発話の「宛先」や発話「機能」を分析の視点として使用した。5歳児はまだ1次的ことばから2次的ことばへ移行しているところだが，大人の会話研究で多く使われている分析の視点を5歳児の発話に取り入れ，5歳児の応答が果たすさまざまな機能や，5歳児の発話内容に含まれている意図を明らかにすることができた。また，5歳児の応答の分析において明らかにされた応答の宛先の変容は，5歳児期において独特な特徴だと考える。本研究は，集団であるクラスや，話し合いに参加し発話することに着目することで，5歳児の発話の宛先が保育者から他児へ変化していくプロセスを明らかにすることができた。さらに，保育者の言語的な支援の機能を検討したことで，小学校教室における教師の言語的な支援との比較もできると考えられるが，本研究ではこの課題を検討できていない。小学校教室では1つの抽象的なテーマに対して話し合うことが多く，これは，5歳児期に身近なテーマについて話し合うことと異なる。よって，小学校教師と保育者の支援も違う。さらに，この点について検討することは，より幼小連携に実践的な示唆を提供すると考えられる。

　さらに，社会ネットワーク分析で使われているソシオグラムの図化を使用し，クラスの話し合い場面の参加の構造を可視化することを試みた。もともと，社会ネットワーク分析は，人間関係（家庭やコミュニティ，会社など）というミクロの視点と，経済市場や世界システムのようなマクロの視点をかけもっているが，大人のネットワークに関する分析がほとんどで，幼児のネットワークに関する分析が少ない。しかし，毎日共に生活を送る保育の場は，1つの小さな社会だと考えられる。そこで本研究は，5歳児クラスの話し合い場面に着目し，さらに「発話」で構成されているネットワークの密度や時期的な変容を検討した。幼児の間でも，発話の量と方向から，1つの集団を表せるネットワークが存在していること，また，そのネットワークが時期によって変化することが明らかになった。さらに，ソシオグラムを具体的な1つ1つの話し合いの事例に持ち込み，その場で構成されているネットワークを検討すると，全体的な発話によって構成されているソシオグラムと異なるネットワークを表すだろう。このような，よりミクロの視点でクラスの話し合い場面を検討する課題はまだ残されている。

　保育学の領域との関連において，クラスの話し合い場面に着目した研究の多くは保育者の支援に焦点を当てたが，本研究はまずクラスの話し合い場面における5歳児の発話の特徴や役割に目を向け，集団にいる5歳児の姿を分析した。そして，9ヶ月間にわたる観察によって，クラスの話し合いの変容と5歳児たちの育ちを捉えようとした。このような分析は，保育学に限らず，発達心理学，言語学，社会学などの方法や視点を持ち込み，保育学に新たな示唆をもたらしたと考える。また，保育集団内で，このような問題は幼児保育・教育施設において日常的に発生しており，それらの効果的・教育的な解決法は保育現場においても高い関心を持たれている。本研究はこのような問題解決のための話し合い場面に着目し，5歳児の発話の特徴と役割を描き，さらに保育者の言語的な支援も検討した。それは，現場での関心に対応できる，実践的で有用な示唆を与えたと考えられる。

第 3 節　本研究の方法論的意義

　本節は本研究の方法論的な意味を総括する。

　第 1 に，本研究は「発話」「宛先」「立場」などの視点と，社会ネットワーク分析の視点，また「発話機能」の視点を本研究に取り入れることで，5 歳児と保育者の発話の量のみではなく，宛先で示された発話の方向性，発話の機能とクラスというネットワークの構造などを検討することができた。

　第 2 に，集団としているクラスの話し合いのあり方だけではなく，集団の話し合いに 5 歳児個人がどのように参加しているかにも着目したことで，集団に焦点を当てる時に見えなくなる，集団に生きる 5 歳児個々の特徴を検討することができた。

　第 3 に，本研究は 7 月から翌年 3 月までの事例を 3 期（前期・中期・後期）に分類し，保育所に生活している 5 歳児の 9 ヶ月の流れを捉え，クラスの話し合いの変容，および 5 歳児たちの発話の変容を描くことができた。

　第 4 に，保育者が実際に使っている言葉を記録することで，保育者が 5 歳児たちを支える，ダイナミックな支援の姿を描くことができた。

第 4 節　本研究の実践的示唆と意義

　本節では，本研究の結果が持つ，小学校への移行に対する意義を総括する。

　第 1 に，クラスの話し合いにおける 5 歳児の参加構造を知ることによって，小学校の教室談話の成立を支援するために役立つ。

　本研究の第 2 部では，クラスの話し合いにおける 5 歳児の参加構造を明らかにした。第 2 部第 4 章は，3 期に渡り，5 歳児がクラスの話し合いに参加する仕方を検討した結果，5 歳児の発話数は時期とともに一律に増加していくのではなく，5 歳児一人ひとりが独自の参加の仕方を持っていることがあ

ると推察できる。

　すなわち，5歳児の時期における保育者の支援でも，小学校に入った後の支援でも，全部の子どもをより多く発話させることに着目するのではなく，まず一人ひとりの子どもが話し合いや教室談話に参加する仕方を知ることが重要だと示唆されている。

　第1章ですでに引用されていたように，保育所保育指針（2009）では，「子どもの生活や発達の連続性を踏まえ，保育の内容の工夫を図るとともに，就学に向けて，保育所の子どもと小学校の児童との交流，職員同士の交流，情報共有や相互理解など小学校との積極的な連携を図るよう配慮すること。」「子どもに関する情報共有に関して，保育所に入所している子どもの就学に際し，市町村の支援の下に，子どもの育ちを支えるための資料が保育所から小学校へ送付されるようにすること。」と書かれている。

　そして，本研究の結果から，5歳児の時期において，すでに形成されている集団の話し合いに参加する仕方を，小学校の教師に知らせること，さらに保育者と小学校教師と交流の場を設け，話し合いの参加の仕方という情報を共有することによって，小学校に入った後に，教室談話に参加するための参考になるのではないかと考える。

　また，小学校の学期始めより，2，3学期の方が学級内成員の力関係が固定化していく（秋田，2012）。ゆえに，すでに5歳児の時期に形成されている成員の力関係は，小学校の学期始めから，新メンバーの構成によって新たになり，2，3学期になると，新しい力関係が形成していく。そのため，1年生の教師は，まず5歳児の時期における力関係を把握することで，より新学級を運営できるではないかと考えられる。

　第2に，5歳児クラスの話し合いの集団性の形成のプロセス，形成の状況と保育者の支援の実態を理解することによって，小学校の教室談話と連続的に支援することができると示唆される。

　本研究の第4章と第5章では，5歳児が「クラス全員」に宛てる発話が中

期に出現し，さらに時期とともに増加していくことが見られた。このような「クラス全員」に対するという意識がある発話は，話し合いの集団性の芽生えだと考えられる。しかし，「クラス全員」に向かっている発話数が全体的に少なかったことから，第 7 章では，山田先生が「聴くことへの支援」が多く見られたことからと，5 歳児の時期は，話し合いの集団性の形成の途中であることが示唆されている。常田（1997）は，一対多のコミュニケーションに能動的に参加していると見なしうる要件として，「1 発話者の言葉を聴くこと」「2 クラスに向かって応答する意識」「3 発話は自分に向かれていなくても，全員の応答をモニターすること」と挙げている。本研究の結果から，5 歳児の時期はまだまだ能動的にクラスの話し合いに参加できるとは言えないが，保育者の支援のもとで，クラスの話し合いに参加し，発話するようになり，さらに集団性の意識の芽生えを捉えることができた。

　そして，ここでは，小学校の教師は，保育者がどのように支援をしていたかを知ることが大事と考える。

　本研究の協力者である山田先生は，5 歳児が「聴く」ために多くの支援を行い，その時，質問や復唱・言い換えだけではなく，呼びかけや注意することも行っていた。また，山田先生の言葉だけではなく，自分と同じ 5 歳児である他児の言葉を聴くために，すなわち聴く姿勢の育ちのために，「対話的」な学び方に参加できるための支援をしていると推察できる。

　5 歳児の生活と発達の連続性が強調されているが，これを実現するために，保育者と小学校教師の支援の連続性も考慮し，子どもに生活と学びに連続性のある環境を提供することが大事であることが示唆されている。

第 5 節　今後の課題

　最後に，本研究で検討できなかった課題を述べる。

　第 1 に，本研究はクラスの話し合い場面において，5 歳児の「発話」とい

う行為に注目し，発話の量だけではなく，発話の宛先の方向性，発話の機能や役割などを検討した。しかし，このような方法論を参照したことで，話し合い場面に参加しているが，発話をしなかった5歳児に焦点を当てることができなかった。実際に，このような発話をしなかった5歳児も，発話した他児や保育者の言葉を聴いていることに違いない。すなわち，「聴く」という行為の存在は本研究で検討できていない。

　第2に，本研究で観察対象とした保育所やクラスと異なる保育所やクラスを検討する必要がある。本研究で5歳児クラスの特徴や5歳児一人ひとりの特徴を検討したが，この特徴は他の5歳児クラスでは同じように見えるわけではない。本研究は，より長期間にわたり5歳児一人ひとりに追って，その変化を描くために，クラス人数が少ない，より多くの5歳児の発話を記録できる保育所を探した。そのため，協力保育所は小規模であり，1クラスは10人以下の定員規制があるため，本研究の目的と合致するが，このような10人のクラス関係と20人以上のクラス関係とは異なると推察できる。

　第3に，本章第3節の第2に述べた研究意義と関連し，本研究は7月から翌年3月までの9ヶ月に渡る観察を行ったが，1年間に渡って記録したとは言えない。特に，保育施設というと，新年度の4月からが一番難しい時期であり，さらに前年度の2，3月からその観察を続け，一貫して子どもたちを見ることこそ，その変容を完全に記録できると考えられる。

　第4に，観察する場面について，本研究の協力保育所は，小規模のため，毎日朝の集まりを行うことが観察されなかった。しかし，多くの保育所では，登園後に朝の集まりを行い，今日の天気，今日の日程，今日の当番などを確認しあい，クラスの話し合いを行うことが多かった。それと異なって，本研究の協力保育者，山田先生は保育室のみではなく，園庭，さらに保育所の外でも，何回もの話し合いを記録した。「どこでも話し合える」「好きな話題で話し合える」「問題が発生したら話し合える」というような環境であるということができる。

　第 5 に，5 歳児の個人の特徴を描くことについて，本研究の第 6 章では，2 名の 5 歳児を選び，彼らの役割を検討したが，9 人のクラスの一部構成員しか検討できていなかったため，全員の個性を描くことができなかった。また，5 歳児の月齢と性差を含め，少し考察したが，さらにこの視点を深く検討しなかった。例えば，レンとミホという比較では，性差について検討しなかったため，今後さらに性差を考慮した分析も必要である。

　第 6 に，保育者の非言語的な支援を検討する必要がある。第 7 章では，保育者の言語的な支援を検討したが，保育者の言語的な支援に限らず，保育者の非言語的支援に着目する必要もあると考える。例えば，保育者が自分または 5 歳児の発語後にしばらく停止したことや，保育者の視線はどのように 5 歳児の「話す」と「聴く」という行為を支援したかを検討する必要がある。

注

(1-1)　対話：

　　「会話」は日常の言葉のやりとりを意味するが，本論文では，このような日常での会話を「対話」という用語で表現する。それは，本論文はバフチンの理論を分析方法として取り入れるため，「会話」という言葉を使用しない，「対話」という言葉表現を使用する。また，本論文で「話し合い」を集団での対話を意味し，3者以上の参加者が参加している対話を「話し合い」とする。

(1-2)　発話の宛先：

　　発話は常に誰に向かっている（バフチン，1988）。その発話の宛てている人は発話の宛先である。

(1-3)　話者交代：

　　会話分析では，発話順番取りシステム（話者交代システム）という用語があり，1人の発話が終わった後，もう1人がその人の続きに，順番を取っているように語り始まることを指す。英語では turn-taking（Sacks et al., 1974）で表すが，日本語では「ターンテーキング」という表現もある。

(1-4)　9時間構成の介入活動：

　　最初の5時間の概要（Dawes & Sams, 2004）：

1時間目　話し合うことの目的に気づく。

2時間目　丁寧に聞くことの重要性に気づく。

3時間目　話し合って決定する方法を知る。

4時間目　情報をやりとりし複数の視点を考慮する。

5時間目　話し合いのルール（グラウンドルール）を提案し同意する。

(1-5)　探究的な話し合い：

　　Mercer によって話し合いを3種類に分類した。

　　論争的な話し合いは，個人が自分の意見を一方的に主張し，あるいは相手の主張に反論するというやりとりが繰り返される。意見を集約しようとか，組み立てようといった試みは行われない。

　　累積的な話し合いは，他者の発言を受け入れ，それに同意を示すような話し合いである。これにより知識や情報を共有することはできるが，無批判にそうしていることが多い。

　　探究的な話し合いは，互いの意見を巡って批判的かつ建設的に行われる話し合い

である。どの人の意見もメンバー間で検討され，根拠を問い，それに応えるような
やりとりがなされる。また議論の末に，グループ全体の同意を経て何かが決定され
る。児童が共同で活動を行う際には，探究的な話し合いが行われることが望ましい
が，現実にはそれは難しい。

(2-1)　「非指名的な話し合い場面」：

　　「保育者が指名しない，5歳児たちが自由に応答できる話し合い場面」と本章の
用語定義の部分で定義した。

(2-2)　時期別：

　　本章の第2節で詳しく説明するように，観察期間の7-9月を「前期」，10-12月
を「中期」，1-3月を「後期」と分けた。

(2-3)　全員が参加する：

　　「全員がその場にいて，必ず発話をするのではなく，その話し合いの場にいるこ
と」を「全員が参加すること」と定義する。

(2-4)　「1つのテーマについての話し合い場面」：

　　大人の話し合い場面と異なり，5歳児クラスの話し合い場面では，保育所の日常
で起きる問題や日常の生活に関連するテーマを話し合っている。

(2-5)　話者交代：同上注 1-3

(3-1)　前期における夏休み：

　　前期は7〜9月であり，その期間中に，保育所の夏休みはなく，通常時の保育が
行なわれている。しかし，その期間中に保護者たちが夏休みをとることがあり，そ
して欠席する幼児が多かった。

　　そのために，本論文で分析の対象とする「5歳児クラスの話し合い場面」に全員
が参加するという条件が成立しないことが見られた。この5歳児クラスの人数は9
人で小規模であるため，グループの話し合い場面（4〜5人の幼児のグループ）と
区別するために，3名以上の5歳児が欠席する場合，そのクラスの話し合い場面を
本研究の対象から除外する。それは，前期（7〜9月）に限らず，中期と後期にも
同じようにした。

(3-2)　発話者数の平均値：

　　前期では，話し合いにおいて発言しなかった5歳児はミホとナナコという2人が
見られた。また，中期と後期になると，クラス全員が発話するようになったが，発
話量の差が見られた。具体的に第4章で検討する。

(4-1)　クラスの幼児の性別と生まれ月について以下の表 9-1 に示した：

表9-1　幼児の性別と生まれ月

名前	リュウジ	ハル	コトハ	レン	ユイ	ユナ	マオ	シロウ	ナナコ
性別	男	女	女	男	女	女	女	男	女
生まれ月	4月	4月	6月	7月	8月	8月	12月	12月	12月

(7-1)　復唱や言い換えによる「気付きと共有」の機能：

　　ここでは，5歳児の1つの発話は山田先生によって拾い上げ，そして山田先生はただ5歳児の言葉を復唱や言い換えをしているのではないと考える。なぜなら，その1つの発話を5歳児が言い，そして山田先生も言ったことによって，他の5歳児はその言葉の重要さを気付き，他の5歳児とこの言葉を共有できるようになる機能を持っている。

引用文献

秋田喜代美（2000）子どもをはぐくむ授業づくり．岩波書店

秋田喜代美（2008）授業研究と談話分析 改訂 2 版．放送大学教育振興会

秋田喜代美（2012）学びの心理学：授業をデザインする．左右社

ベネッセ次世代育成研究所（2009）幼小連携の現状と課題　これからの幼児教育を考える．

　2009 春号 http://berd.benesse.jp/jisedaiken/booklet/pdf/booklet_04_2.pdf
（最終閲覧日 2017 年 1 月 8 日）

文部科学省（2003）新学習指導要領のねらいの実現に向けて．

　http://www.mext.go.jp/a_menu/shotou/gakuryoku/korekara.htm　2016/11/28
時点

　http://www.mext.go.jp/a_menu/shotou/gakuryoku/t_kaitei.pdf

文部科学省（2008）小学校学習指導要領．

文部科学省（2011）文部科学省，熟議関係パンフレット：子ども熟議パンフレット．

　http://www.mext.go.jp/jukugi/archive/512.pdf（最終閲覧日 2017 年 1 月 8 日）

文部科学省（2016）文部科学省，教育課程部会，総則・評価特別部会，資料 1．

　http://www.mext.go.jp/b_menu/shingi/chukyo/chukyo3/061/siryo/__icsFiles/
afieldfile/2016/07/07/1373849_1.pdf　（最終閲覧日 2017 年 2 月 28 日）

文部科学省・厚生労働省（2009）保育所や幼稚園等と小学校における連携事例集．

　http://www.mhlw.go.jp/houdou/2009/03/dl/h0319-1a.pdf
（最終閲覧日 2017 年 1 月 8 日）

Cabella, S. Q., Justiceb, L. M., McGintyc, A. S., DeCostera, J., and Forston, L. D. (2015). Teacher–child conversations in preschool classrooms: Contributions to children's vocabulary development. *Early Childhood Research Quarterly*, 30, 80-92.

Chen, J. J., and Kim, S. G. (2014). The quality of teachers' interactive conversations with preschool children from low-income families during small- group and large-group activities. *Early Years*, 34-3, 271-288.

Dawes, L., and Sams, C. (2004). Developing the Capacity to Collaborate, in: Littleton, Karen; Dorothy Miell and Dorothy Faulkner (Eds) Learning to collaborate: collaborating to learn. New York, *Nova Press*, 95-109.

Dickinson, D. K., and Porche, M. V. (2011). Relation Between Language Experiences in Preschool Classrooms and Children's Kindergarten and Fourth-Grade Language and Reading Abilities. *Child Development*, 82-3, 870-886.

Egan, B. A. (2009). Learning conversations and listening pedagogy: the relationship in student teachers' developing professional identities. *European Early Childhood Education Research Journal*, vol. 17, No. 1, 43-56.

Ehrlich, S. Z. (2011). Argumentative Discourse of Kindergarten Children: Features of Peer Talk and Children-Teacher Talk. *Journal Of Research In Childhood Education*, 25, 248-267.

藤江康彦（1999a）教室談話研究における課題としての集団性と発話順行性. 広島大学教育学部紀要 第一部（心理学），第 48 号，219-228.

藤江康彦（1999b）一斉授業における子どもの発話スタイル：小学 5 年の社会科授業における教室談話の質的分析. 発達心理学研究，10(2), 125-135.

藤江康彦（2000a）教室談話の成立機制：行為―ローカルな文化―制度的装置の相互関連に着目して. 日本教育方法学会紀要「教育方法学研究」，第 26 巻，73-85.

藤江康彦（2000b）一斉授業の話し合い場面における子どもの両義的な発話の機能：小学 5 年の社会科授業における教室談話の分析. 教育心理学研究，48, 21-31.

藤江康彦（2000c）教室談話の成立機制に関する社会文化的研究：発話運用の柔軟性をめぐって. 広島大学博士学位論文，甲第 2143 号，2000-03-24.

藤江康彦（2011）授業デザインとしての教師の教室談話マネジメント：小 5 社会科単元「日本の水産業」の一斉授業における発話タイプの方略的な使い分けを事例として. 関西大学. 学校教育学論集，第 1 号，17-28.

深田昭三・倉盛美穂子・小坂圭子・石井史子・横山順一（1999）幼児における会話の維持：コミュニケーション連鎖の分析. 発達心理学研究，10(3), 220-229.

福崎淳子（2004）幼児の「みてて」発話における自他関係を繋ぐ機能. 日本教育心理学会第 46 回総会発表論文集，24.

古見文一・小山内秀和・大場有希子（2014）他児の知識状態や自己の役割が幼児の発話の変化に及ぼす影響：絵本の読み聞かせ場面を用いて. 発達心理学研究，25(3), 313-322.

Girolametto, L., and Weitzman, E. (2002). "Responsiveness of Child Care Providers in Interactions with Toddlers and Preschoolers." *Language, Speech, and Hearing Services in Schools*, 33, 268-281.

浜谷直人・常田秀子・藤﨑春代・鈴木さゆり・木原久美子（1993）幼児の共同遊び場面における会話（会話の管理（conversational management）視点から）(1)：分析の枠組み．日本教育心理学会第 35 回総会発表論文集，490.

原一雄（1981）大脳両半球の統合．八木冕監修，平野俊二編，現代基礎心理学，第 12 巻，203-239，東京大学出版会.

Howe, C., and Mercer, N. (2007). Children's Social Development, Peer Interaction and Classroom Learning (Primary Review Research Survey 2/1b), *Cambridge: University of Cambridge Faculty of Education.*

一柳智紀（2009）物語文読解の授業談話における「聴き合い」の検討：児童の発言と直後再生記述の分析から．発達心理学研究，20(4), 437-446.

磯村陸子・町田利章・無藤隆（2005）小学校低学年クラスにおける授業内コミュニケーション：参加構造の転換をもたらす「みんな」の導入の意味．発達心理学研究，16(1), 1-14.

柏まり（2004）幼児の仲間集団における遊びの創造過程：リーダー的な幼児を中心とした話し合いの場面を事例として．中村学園大学・中村学園大学短期大学部研究紀要，36, 43-48.

厚生労働省（2008）保育所保育指針.

厚生労働省（2008）保育所保育指針解説書．フレーベル館

久保田貴子（2012）幼児の話す力の育ちを見つめる：年長児Ⅱ期，グループのキャンプの目当て決めの話し合いの場面をとおして．別府大学短期大学部紀要，31, 141-154.

鯨岡峻（2005）エピソード記述入門—実践と質的研究のために．東京大学出版会

鯨岡峻（2013）子どもの心の育ちをエピソードで描く—自己肯定感を育てる保育のために．ミネルヴァ書房

倉盛美穂子（1999）児童の話し合い過程の分析：児童の主張性・認知的共感性が話し合いの内容・結果に与える影響．教育心理学研究，47(2), 121-130.

Littleton, K., Mercer, N., Dawesb, L., Wegerifc, R., Rowea, D., and Samsa, C. (2005). Talking and thinking together at Key Stage 1. *Early Years*, Vol. 25, No. 2, 167-182.

Maine, F. (2013). How children talk together to make meaning from texts: a dialogic perspective on reading comprehension strategies. *Literacy*, Vol. 47, No. 3, 150-156.

Massey, S. L. (2004). Teacher-Child Conversations in the Preschool Classroom.

Early Childhood Education Journal, 31-4, 227-231.

松原未季・本山方子（2013）幼稚園4歳児の対人葛藤場面における協同的解決：非当事者の幼児による介入に着目して．保育学研究，51(2), 39-50.

Mehan, H. (1979). 'What time is it, Denise?": Asking known information questions in classroom discourse. *Theory into practice*, 18(4), 285-294.

Mercer, N. (1995). The Guided Construction of Knowledge: Talk amongst Teachers and Learners. *Multilingual Matters*.

Mercer, N. (2000). Words & Minds: How We Use Language To Think Together. *Oxon, Uk: Routledge*.

Mercer, N., Wegerifc, R., and Dawesb, L. (1999). Children's Talk and The Development of Reasoning in The Classroom. *British Educational Research Journal*, 25-1, 95-111.

ミハイル・バフチン（1988）ことば対話テキスト．新時代社（新谷 敬三郎（翻訳），佐々木 寛（翻訳），伊東 一郎（翻訳））

村田孝次（1972）幼稚園期の言語発達．培風館

無藤隆ほか（編）（2004）幼児教育ハンドブック．お茶の水女子大学子ども発達教育研究センター

Nicolopoulou, A., Cates, C. B., De Sa, A., and Ilgaz, H. (2014). Narrative Performance, Peer Group Culture, and Narrative Development in A Preschool Classroom. Children's Peer Talk: Learning From Each Other. *Cambridge Press*.

Nicolopoulou, A., Cortina, K. S., Ilgaz, H., and De Sa, A. (2015). Using A Narrative and Play-Based Activity To Promote Low-Income Preschoolers' Oral Language, Emergent Literacy, and Social Competence. *Early Childhood Research Quarterly* 31, January 2015.

Nicolopoulou, A., Mcdowell, J., and Brockmeyer, C. (2006). Narrative Play and Emergent Literacy: Storytelling and Story-Acting Meet Journal Writing. In Dorothy G. Singer, Roberta Michnick Golinkoff, and Kathy Hirsh-Pasek (Eds.), Play=Learning (Pp. 124-144). New York, NY: *Oxford University Press*.

野呂アイ・杉山弘子（1995）幼児の話し合い活動について（1）：保育活動における話し合いの意味．日本保育学会大会研究論文集，(48), 842-843.

太田礼穂・茂呂雄二（2015）自己への誤帰属はどのようなやりとりの後に生起するのか？：発話の特徴ならびに発話連鎖の検討．教育心理学研究，63(1), 63-76.

岡本夏木（2005）幼児期：子どもは世界をどうつかむか．岩波書店

小椋たみ子・山下由紀恵・村瀬俊樹（1991）初期言語発達インベントリー信頼性の検討．島根大学教育学部紀要，vol.25, 17-31.

Project Zero and Reggio Children. (2001). Making Learning Visible: Children as Individual and Group Learners. *Reggio Emilia, Italy: Reggio Children.*

Richard, B. A., and Dodge, K. A. (1982). Social Maladjustment and Problem Solving in School-Aged Children. *Journal of Consulting and Clinical Psychology*, 50, 226-233.

Sacks, H., Schegloff, E. A., and Jefferson, G. (1974). A Simplest Systematics for the Organization of Turn-Taking for Conversation. *Language*, vol.50, (4), 696-735.

齋藤久美子・無藤隆（2009）幼稚園5歳児クラスにおける協同的な活動の分析：保育者の支援を中心に．湘北紀要，30, 1-13.

佐藤学（2000）授業を変える学校が変わる：総合学習からカリキュラムの創造へ．小学館

佐藤康富（2008）幼児の仲間との相互交渉における方略：5歳児の話し合いの場面における検討．小田原女子短期大学研究紀要，38, 87-94.

柴田利男（2014）幼児の対人葛藤場面における敵意の認知と解決方略．北星学園大学社会福祉学部北星論集，51, 43-50.

Shure, M. B., Spivack, G., and Jaeger, M. (1971). Problem-Solving Thinking and Adjustment among Disadvantaged Preschool Children. *Child Development*, 42, 1791-1803.

Siraj-Blatchford, I., Sylva, K., Muttock, S., Gilden, R., and Bell, D. (2002). Researching Effective Pedagogy in the Early Years. Research Report RR356.

Siraj-Blatchford, I., and Sylva, K. (2004). Researching Pedagogy in English Pre-Schools. *British Educational Research Journal*, 30(5), 713-730.

Siraj-Blatchford, I. (2005). Interaction Matters For Babies and Toddlers' In Abbott and Langston: Birth To Three Matters. *Open University Press, Buckingham.*

Siraj-Blatchford, I., and Manni, L. (2008). 'Would you like to tidy up now?' An analysis of adult questioning in the English Foundation Stage. *Early Years*, Vol. 28, No. 1, 5-22.

Siraj-Blatchford, I., Kingston, D., and Melhuish, E. (2015). Assessing Quality in Early Childhood Education and Care: Sustained Shared Thinking and Emotional Well-being (SSTEW) Scale for 2-5 Year-olds Provision. Trentham Books Ltd.

杉山弘子（2008）話し合い場面での幼児の行動の変化と発達的意味―幼稚園5歳児クラスの話し合いの分析から―. 尚絅学院大学紀要，56, 99-109.

杉山弘子（2009）幼児の話し合い活動とコミュニケーションの発達との関連. 尚絅学院大学紀要，57, 91-102.

杉山弘子・野呂アイ（1995）幼児の話し合い活動について（2）：話し合い活動の展開と保育者の役割. 日本保育学会大会研究論文集，(48), 844-845.

鈴木成子・野中弘敏（2013）幼児の対人葛藤における問題解決方略について：スクリプトをもとにした発達的研究. 山梨学院短期大学研究紀要，33, 109-119.

Sylva, K., Melhuish, E., Sammons, P., Siraj-Blatchford, I., and Taggart, B. (2004). The Effective Provision of Pre-School Education Final Report, SSU/FR/2004/01, Nottingham: Department for Education & Skills Publications.

高木和子・丸野俊一（2001）保育園の年長組での「話し合い」を成立させているもの：議論スキルの育成を考えさせる前提条件. 認知・体験過程研究，10, 1-16.

富澤（猿山）恵未・佐藤浩一・石川克博（2015）小学校国語科における話し合いを深めるための学習指導：Thinking Together Programme の導入を通して. 群馬大学教育実践研究，第32号，173-188.

辻谷真知子（2015）4歳児の「許可を求める発話」に見られる規範意識：判断基準としての他者参照. 保育学研究，53(1), 31-42.

常田秀子（1997）乳幼児保育と発達. 井上健治・久保ゆかり編，子どもの社会的発達. 東京大学出版会，70-88.

内田伸子（2008）幼児心理学への招待：子どもの世界づくり. サイエンス社

上田敏丈（2013）保育者のいざこざ場面に対するかかわりに関する研究：発生の三層モデルに基づく保育行為スタイルに着目して. 乳幼児教育学研究，22, 19-29.

Vardi-Rath, E., Teubal, E., Aillenberg, H., and Lewin, T. (2014). "Let's Pretend You're The Wolf! ": The Literate Character Of Pretend-Play Discourse In The Wake Of A Tory. Children's Peer Talk: Learning From Each Other. *Cambridge Press.*

ヴィゴツキー（1934）　訳：『思考と言語』新訳版. 柴田義松訳，新読社，2001年

Waber, D. P. (1976). Sex differences in cognition: a function of maturation rate? *Science*, vol.192, 572-584.

Wegerif, R., Mercer, N., and Dawes, L. (1999). From social interaction to individual reasoning: An empirical investigation of a possible socio-cultural model of cognitive development. *The European Conference for Educational Research,*

University of Ljubljana, Slovenia, September 1998.

Weigel, D. J., Martin, S. S., and Bennett, K. K. (2005). Ecological influences of the home and child-care center on preschool-age children's literacy development. *Reading Research Quarterly*, 40, 204-233.

Weigel, D. J., Martin, S. S., and Bennett, K. K. (2006). Contributions of the home literacy environment to preschool-aged children's emerging literacy and language skills. *Early Child Development and Care*, 176(3-4), 357-378.

Winsler, A., and Carlton, M. P. (2010). Observations of Children's Task Activities and Social Interactions in Relation to Teacher Perceptions in a Child-Centered Preschool: Are We Leaving Too Much to Chance? *Early Education and Development*, Vol. 14, No. 2, 155-178.

山本弥栄子（2003）同輩幼児間の言語的コミュニケーション（会話）に関する研究：2歳から6歳までの各年齢群の比較分析から．佛教大学教育学部学会紀要，2，201-220.

山本弥栄子（2007）子ども同士の言語的コミュニケーションにおける一考察：会話の自然発生的過程の検討．大阪健康福祉短期大学紀要，5，51-60.

Yamauchi, L. A., Im, S., and Schonleber, N. (2012). Adapting strategies of effective instruction for culturally diverse pre-schoolers. *Journal of Early Childhood Teacher Education*, 33, 1-19.

安田雪（2011）ネットワーク分析：何が行為を決定するか．新曜社

淀川裕美（2009）2-3歳児の二者間対話が三者間対話に広がり，意思疎通に至る要因：バフチンの「発話」概念を手がかりに．日本教育心理学会第51回総会発表論文集，103.

淀川裕美（2010）2-3歳児の保育集団での食事場面における対話のあり方の変化：確認し合う事例における宛先・話題・話題への評価に着目して．保育学研究，49(2)，177-188.

淀川裕美（2015）保育所2歳児クラスにおける集団での対話のあり方の変化．風間書房

227

付　　記

本書に収録した成果の一部は，以下の論文において発表した。

第 3 章
呂小耘（2015）5 歳児クラスの話し合いにおける変容：発話者と話し合いの
テーマの検討，国際幼児教育研究，22，49-59.

第 6 章
呂小耘（2016）問題解決のためのクラス話し合いにおける当事者と非当事者
としての役割：2 名の 5 歳児に着目して，国際幼児教育研究，23，11-27.

謝　辞

　本書は東京大学大学院教育学研究科博士学位取得論文に，若干の加筆修正を行ったものです。本書の執筆，刊行にあたり，多くの方々からご助力をいただき，ここで感謝の気持ちを述べさせていただきます。

　研究にご協力くださった保育所の園長先生をはじめ，すべての先生方，職員の皆様に心より感謝を申し上げます。外国人である私を，保育の場に長く，そして暖かく受け入れてくださったこと，本当にありがとうございました。未熟ながらも，多忙な先生方にたくさん質問をしたり，今でもご迷惑をおかけしたことの数々を覚えています。先生方はいつも丁寧に対応してくださり，細かく教えてくださったおかけで，保育についてたくさんのことを学びました。誠にありがとうございます。

　そして，本書の事例に登場する子どもたちだけではなく，3年間接してくださった全ての子どもたちにも感謝の気持ちを捧げます。子どもたちの言葉に対する好奇心は私の研究の原点であり，その面白さにいつも惹かれます。保育所で楽しく生活している子どもたちの言葉を記録できたこと，とてもありがたく，そして嬉しく感じています。世の中の全ての子どもが楽しく成長していくことを願っています。

　指導教員の秋田喜代美先生に，衷心より感謝申し上げます。修士課程から丁寧にご指導をくださり，外国人である私に気をかけてくださいました。いつも先生から励ましをいただき，ようやく博士論文を完成することができました。今でも，先生が研究と仕事に全力で取り組む姿勢，仕事の作法と他者との接し方などを学ばせていただき，見様見真似で実践しようと頑張っています。

　そして，修士課程からご指導をくださった東京大学大学院教育学研究科教

育心理学コースの先生方，博士論文の査読委員を引き受けてくださいました東京大学大学院教育学研究科の針生悦子先生，野澤祥子先生，能智正博先生，浅井幸子先生に厚く御礼を申し上げます。先生方がお忙しい中，大変丁寧にコメントをしてくださいました。博士論文完成後にも，研究のさらなる発展について考え続けることを促していただきました。誠にありがとうございました。

　秋田研究室の皆様，教育心理学コースの皆様並びに研究科の院生の皆様に心より御礼を申し上げます。皆様が真剣に研究に取り込む姿，他者と真摯に接している姿から，たくさんのことを学びました。自分が研究に悩んでいる時，いつも助言をいただき，助け合い共有し合いながら研究を進めることの重要性を気付きました。特に，修士課程から何度も研究の相談に乗ってくださった淀川裕美さんと，修士課程から共に研究を進めてきた同期の宮田まり子さん，佐川早季子さんと小野田亮介さんと，いつも論文を丁寧に見てくださった三輪聡子さん，川島哲さん，児玉佳一さんと辻谷真知子さんには，大変お世話になりました。いつも助けていただいたばかりですが，皆様と出会い，一緒に学び・研究をしていたこと，本当に楽しく，そして誇りに思います。

　最後に，これまでずっと理解をしてくれて，支えてくれた家族に感謝します。故郷から遠方である中国広州で大学4年間を過ごし，さらに海を渡り日本で暮らした9年間，ずっと応援をし続けた両親にいつも心から感謝をしています。小さい頃から，自分が選んだ道を1回も反対せず，しかも最大限に支えてくれてきたおかけで，博士論文を書き上げたこと，そして本書を刊行できたことにつなげたと思います。また，博士課程から自分の研究とこれから進む道を理解し，続けて応援してくれる主人にも重ねて感謝をしています。博士論文を執筆までの長い道のりで，悩む時にはいつもそばで励ましてくれて，少し前に進んだ時には一緒に笑ってその成長を共有してくれて，本当にありがとうございます。ほかにも友人，親戚を始め，たくさんの方々に励ま

していただき，ここではお礼の言葉を申し上げようもございませんが，本当
に感謝いたしております。

2018 年 12 月

呂　小耘

著者略歴

呂　小耘（ろ　しょううん）

1987年　中国重慶市に生まれる
2009年　中国中山大学政治と公共事務管理学部　卒業
2013年　東京大学大学院教育学研究科　修士課程修了
2017年　東京大学大学院教育学研究科　博士課程修了，博士（教育学）
現在　十文字学園女子大学人間生活学部幼児教育学科　助教

5歳児クラスのテーマに基づく話し合い
　　　　—保育における談話分析—

2019年3月15日　初版第1刷発行

著　者　呂　　　小　耘

発行者　風　間　敬　子

発行所　株式会社　風　間　書　房

〒101-0051　東京都千代田区神田神保町1-34
電話03(3291)5729　FAX 03(3291)5757
振替00110-5-1853

印刷　藤原印刷　製本　井上製本所

©2019　Xiaoyun Lu　　　　　　　　　　NDC 分類：376.1

ISBN978-4-7599-2277-6　　Printed in Japan